그림으로 배우는

AWS 구조

Amazon Web Service

니시무라 야스히로 저 · 김성훈 역

SE
SHOEISHA

YoungJin.com Y.
영진닷컴

그림으로 배우는
AWS 구조

図解まるわかり AWSのしくみ
(Zukai Maruwakari AWS no Shikumi: 7470-9)
© 2022 Yasuhiro Nishimura
Original Japanese edition published by SHOEISHA Co.,Ltd.
Korean translation rights arranged with SHOEISHA Co.,Ltd.
in care of JAPAN UNI AGENCY, INC. through Korea Copyright Center Inc.
Korean translation copyright © 2023 by Youngjin.com, Inc.

ISBN 978-89-314-6854-0

독자님의 의견을 받습니다

이 책을 구입한 독자님은 영진닷컴의 가장 중요한 비평가이자 조언가입니다. 저희 책의 장점과 문제점이 무엇인지, 어떤 책이 출판되기를 바라는지, 책을 더욱 알차게 꾸밀 수 있는 아이디어가 있으면 이메일, 또는 우편으로 연락주시기 바랍니다. 의견을 주실 때에는 책 제목 및 독자님의 성함과 연락처(전화번호나 이메일)를 꼭 남겨 주시기 바랍니다. 독자님의 의견에 대해 바로 답변을 드리고, 또 독자님의 의견을 다음 책에 충분히 반영하도록 늘 노력하겠습니다.

주 소   (우) 08512 서울시 금천구 디지털9로 32 갑을그레이트밸리 B동 1001호
등 록   2007. 4. 27. 제16-4189호
이메일 support@youngjin.com

저자 니시무라 야스히로 | **번역** 김성훈 | **총괄** 김태경 | **진행** 최윤정
표지 디자인 김효정 | **내지 디자인 · 편집** 이경숙 | **영업** 박준용, 임용수, 김도현
마케팅 이승희, 김근주, 조민영, 김도연, 김민지, 김진희, 이현아 | **제작** 황장협 | **인쇄** 제이엠

현재 클라우드는 IT의 대명사처럼 인식되고 있습니다. 클라우드란 정보 시스템 및 서버, 네트워크와 같은 IT 리소스를 인터넷을 통해서 이용하는 형태를 말합니다.

AWS(Amazon Web Services)는 클라우드 업계의 세계 최고 벤더로 알려져 있습니다. 인터넷 쇼핑몰로 유명한 Amazon.com이 운영하는 서비스라는 것을 알고 계신 분도 많을 거라고 생각합니다. AWS의 서비스는 기본적으로 기업이나 단체를 대상으로 하지만, 물론 개인도 이용할 수 있습니다.

이 책은 AWS가 기업이나 단체를 위한 서비스임을 감안하여, 개인도 이용할 수 있는 다음과 같은 기본적이고 대표적인 서비스를 중심으로 쉽고 친절하게 설명함으로써 AWS 및 클라우드 초보자도 그 개요를 이해할 수 있게 구성했습니다.

- ◆ AWS IAM ······ 사용자 관리
- ◆ Amazon EC2 ······ 컴퓨팅(서버)
- ◆ Amazon S3 ······ 스토리지
- ◆ Amazon VPC ······ 네트워크
- ◆ Amazon RDS ······ 데이터베이스
- ◆ AWS Lambda ······ 서버리스

물론 위에 언급한 서비스 이외에도 새로운 기술이나 AWS 이용에 필수적인 운영 및 보안 등에 관련된 다수의 서비스를 설명합니다.

이 책에서는 AWS가 제공하는 클라우드 서비스의 쉽고 편리한 점뿐만 아니라 다소 어렵고 주의가 필요한 점, 기술적인 부분도 어느 정도 다루어 기존 입문서보다 실용적인 내용으로 구성했습니다. 또한, 독자들을 위한 학습 자료로 Lambda 함수 샘플 코드도 제공합니다.

부디 많은 분들이 AWS를 비롯한 클라우드를 실제로 접해 보고, 이 책에서 얻은 지식을 비즈니스 현장에서 활용해 주셨으면 합니다.

니시무라 야스히로

AWS(Amazon Web Services)는 세계에서 가장 크고 인기 있는 클라우드 서비스입니다. 클라우드 서비스란 인터넷을 통해 컴퓨팅 자원을 제공하고 사용하는 서비스입니다. 인터넷을 통해서 데이터센터와 서버, 스토리지, 소프트웨어, 네트워크, 인프라 및 애플리케이션 등에 언제 어디서나 접근할 수 있습니다.

클라우드 서비스는 기업이나 개인이 자신의 IT 인프라를 구축하고 관리하는 데 드는 시간과 비용을 절약하고, 더 빠르고 안전하게 서비스를 제공할 수 있게 해줍니다. 이제 클라우드 서비스는 선택이 아니라 필수라고 해도 좋을 만큼 그 규모가 가파르게 성장하고 있고, 많은 기업과 조직에서 이미 활용하고 있거나 전환하려고 하고 있습니다.

특히 AWS는 클라우드 컴퓨팅 분야의 선두 주자로 다른 클라우드 서비스보다 매우 유연하며 다양한 기능을 제공합니다. 또한 관련 기술 서적도 많이 쏟아져 나오고 있어 클라우드를 처음 공부하기에도 최적이라고 할 수 있습니다. 이 책은 AWS(Amazon Web Services) 입문서로, 클라우드 서비스의 개념과 기초를 바탕으로 AWS의 주요 서비스들을 소개합니다.

AWS는 다양한 종류의 서비스를 제공하는데, 이 책에서는 그중 가장 핵심적이고 자주 사용되는 서비스들을 중심으로 다룹니다. 특히 직접 실습할 수 있는 부분도 있어서, 개념 이해에만 그치지 않고 AWS의 서비스를 경험해 볼 수도 있습니다. AWS에 관심이 있는 분들이라면 어렵지 않게 도전해 볼 수 있을 것입니다.

마지막으로 번역 원고를 꼼꼼히 확인하시고 예쁜 책으로 만들어 내느라 고생하신 담당자님께 깊이 감사드립니다. 이 책을 통해 AWS의 매력과 장점이 독자분들께도 전해질 수 있기를 기대합니다. 감사합니다.

2023년 4월 김 성 훈

Ch 1) AWS 사용하기
세계 최고의 클라우드 서비스   13

Ch
2

클라우드 이용의 기본
사전에 검토해야 하는 것
43

Ch 4 Amazon S3를 사용한다
클라우드다운 스토리지 서비스
107

Ch 9) 보안과 운용 관리
사용자, 비용, 보안, 운용 등의 관리   213

Chapter 1

AWS 사용하기

세계 최고의 클라우드 서비스

AWS란?

AWS는 Amazon Web Services의 약칭

AWS는 **Amazon Web Services**의 줄임말로, **온라인 쇼핑몰로 유명한 미국의 아마존닷컴(Amazon.com)이 온라인 비즈니스를 지원하는 시스템 구축 및 운영 노하우를 바탕으로 제공하는 클라우드 컴퓨팅 서비스**입니다. AWS는 세계적으로도 최대 규모의 클라우드 컴퓨팅 서비스로, 클라우드 ≒ AWS라고 생각하는 분도 많습니다.

클라우드는 구름(cloud)을 가리키는데, 인터넷을 단순하게 표현할 때 구름 마크를 사용해 온 데서 유래했습니다.

클라우드에 관한 기본적인 이야기는 2장과 5장에서도 다루지만, 클라우드 서비스의 등장인물은 서비스를 제공하는 사업자와 서비스를 이용하는 기업이나 단체, 개인으로 구성됩니다. 아마존은 클라우드 사업자이고 아마존이 제공하는 클라우드 서비스의 총칭이 AWS입니다(그림 1-1).

앞으로 이 책에서는 전체적으로 기업이나 단체 시스템 관점에서 설명하고, AWS 조작에 관련해서는 개인도 체험할 수 있는 사례 등을 전제로 설명하겠습니다.

클라우드 사업자의 면면

아마존은 클라우드 업계의 세계적인 메가 벤더로 알려져 있는데, 그에 **근접한 존재로서 마이크로소프트와 구글을 들 수 있습니다**. 또, 메가 벤더를 추격하는 입장으로 IBM, 후지쯔, NTT 커뮤니케이션, 소프트뱅크 등이 있습니다(그림 1-2). 조금 전문적이 되겠지만, 세일즈 포스나 중국 알리바바 등의 이름도 거론됩니다.

한국에서도 아마존이 점유율 1위를 차지하고 있으며, 네이버와 KT, 마이크로소프트가 그 뒤를 바짝 쫓으며 혼전 양상을 보이고 있습니다.

클라우드와 AWS의 관계를 파악했으니, 다음 절에서는 AWS의 물리적 개요를 살펴보겠습니다.

그림1-1 클라우드의 등장인물

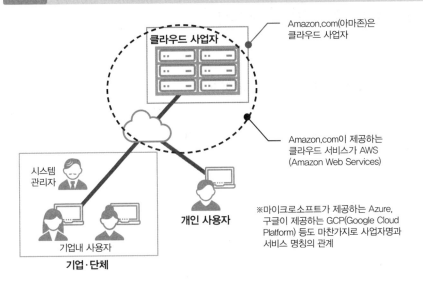

그림1-2 주요 클라우드 사업자

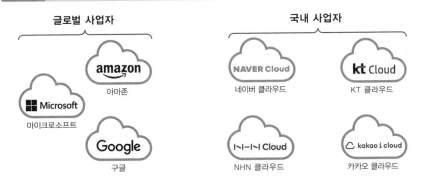

- 아마존, 마이크로소프트, 구글은 세계적인 클라우드 메가 벤더로 알려져 있다
- IBM은 세계에서도 5강에 든다
- 한국에서도 아마존이 강세를 보이고 네이버, KT, 마이크로소프트가 치열하게 경쟁하고 있다

Point

✔ AWS는 아마존 웹 서비스의 줄임말로, 온라인 쇼핑몰로 유명한 기업 Amazon.com에서 제공하는 클라우드 서비스다.

✔ 아마존에 버금가는 클라우드 사업자로 마이크로소프트와 구글을 들 수 있다.

초거대 클라우드 서비스

다수의 데이터센터에서 서비스가 제공된다

AWS를 비롯한 클라우드 서비스는 기업이나 단체, 혹은 개인 PC 등에서 계약한 서버와 IT 리소스에 인터넷으로 연결해서 이용합니다. 그렇기 때문에 사업자 측의 물리적인 모습을 전혀 볼 수 없습니다.

하지만 어느 정도는 상대방의 모습을 알아두는 편이 이해에 도움이 될 것이므로, 주요 클라우드 사업자를 기준으로 설명하겠습니다.

AWS는 세계적인 규모의 클라우드 서비스입니다. 그림 1-3과 같이 미국을 중심으로 전 세계 주요 국가와 지역에 전용 인프라를 보유하고 있습니다.

이들 인프라는 **데이터센터**인데, 하나하나가 거대한 전용 건물로 구성됩니다. 아마존은 보안상의 이유로 개별 데이터센터의 자세한 위치 등을 공개하지 않고 있지만, 각 데이터센터는 서버만 해도 만대가 넘는 규모입니다. 데이터센터에 관해서는 2-4 절에서 설명합니다.

사용자가 직접 선택해서 설정한다

AWS 사용자는 세계 각지에 배치된 데이터센터와 데이터센터 내의 서버, 스토리지, 소프트웨어 등 IT 리소스를 **AWS 관리 콘솔**을 통해 '**직접 선택하여**' 생성하고 설정하는 것이 핵심입니다. 대형 클라우드 사업자의 서비스를 이용할 경우 대부분 동일하게 사용자가 직접 작업을 진행하게 됩니다.

2장에서 다시 한번 설명하겠지만, AWS를 비롯한 대부분의 클라우드 서비스에서는 스스로 **선택하고 결정**하는 것이 기본입니다. 물론 기업 시스템을 구축할 때는 AWS의 기술 지원을 받거나 IT 벤더나 클라우드 벤더에 위탁하는 방식도 있지만, 개인이 이용할 때는 **직접 하는 것이 기본**입니다(그림 1-4).

직접 해야 한다는 것을 처음 알게 된 분도 있을 텐데, 2장 이후에서는 그런 부분에 관해서도 설명하겠습니다.

그림1-3 AWS는 세계적 규모의 클라우드 서비스

- AWS는 세계 최대 규모의 글로벌 클라우드 인프라스트럭처
- 2024년 11월 기준 전 세계 34개 지역에 108개 인프라를 보유하고 있으며, 각각 순차적으로 추가 예정
  (참고: https://aws.amazon.com/ko/what-is-aws/)

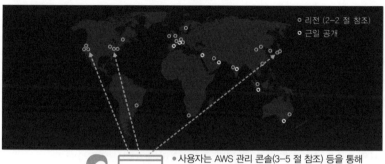

사용자

AWS 관리 콘솔

- 사용자는 AWS 관리 콘솔(3-5 절 참조) 등을 통해 각종 조작을 한다
- 사용자는 미국을 비롯하여 기타 지역의 IT 리소스를 요구에 맞게 선택한다
- 기본은 미국으로 되어 있다

그림1-4 개인의 클라우드 이용은 사용자가 결정하는 것이 기본

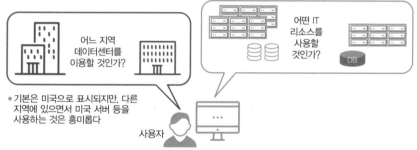

어느 지역 데이터센터를 이용할 것인가?

어떤 IT 리소스를 사용할 것인가?

- 기본은 미국으로 표시되지만, 다른 지역에 있으면서 미국 서버 등을 사용하는 것은 흥미롭다

사용자

개인의 경우
- 자신이 데이터센터와 IT 리소스를 선택하고 결정한다
- 직접 생성하고 설정 작업을 진행하는 것이 기본

법인의 경우
- 자체 기술자가 하는 경우도 많다
- IT 벤더나 클라우드 벤더에 맡기는 경우도 있다

IT 벤더　：클라우드뿐만 아니라 클라우드 이외의 시스템 구축 및 운용을 지원할 수 있는 벤더
클라우드 벤더：클라우드 시스템 구축 및 운영 지원에 특화된 벤더

Point
✔ AWS는 세계 주요 국가와 지역 데이터센터에서 제공하는 초거대 서비스다.
✔ 개인이 클라우드 서비스를 이용할 때는 IT 리소스 선정 및 설정 작업 등은 사용자가 직접 수행하는 것이 기본이다.

제공하는 서비스의 개요

AWS 서비스의 단면

AWS의 주요 사용자는 기업이나 단체 등 법인입니다. 물론 법인에 속한 개인 등이 어떤 준비나 학습용으로 이용할 수도 있습니다.

AWS의 **솔루션**은 다음과 같이 **사용 사례**, 산업, 조직 유형이라는 세 가지 관점으로 나눌 수 있습니다. 각각의 대표적인 예를 들어 보겠습니다(그림 1-5).

- ◆ **사용 사례별** : 아카이브, 백업 및 복원, 클라우드 마이그레이션, 웹사이트 등
- ◆ **산업별** : 광고, 자동차, CPG(Consumer Packaged Goods), 교육, 제조, 소매, 금융, 에너지, 정부기관 등
- ◆ **조직 유형별** : 엔터프라이즈, 중소기업, 공공 부문, 스타트업

실제로는 기업이나 단체의 업태나 IT에 대한 요구에 따라 세분화됩니다. **구체적인 이용 장면과 사용법이 명확하다면** 구체적인 개별 서비스 메뉴인 **클라우드 제품** 페이지에서 볼 수도 있습니다(그림 1-6).

사용 사례나 클라우드 제품으로 시작한다

예를 들어, 소매업 IT 부문의 사람이라면 산업별에서 소매를, 이미 수년간 사업을 해온 기업이라면 조직 유형별에서 엔터프라이즈를, 또 기존 시스템을 클라우드로 전환하거나 온라인 판매 등에 이용할 계획이라면 각각의 사용 사례를 검토하게 됩니다.

업종을 불문하고 이해하기 쉬운 방법은 그림 1-5의 오른쪽처럼 사용 사례로부터 들어가는 것입니다. 친숙한 시스템 중 하나로 웹사이트가 있는데, 3장 이후에 설명할 Amazon EC2 및 S3와 같은 서비스가 등장합니다. 각 서비스는 그림 1-6의 클라우드 제품 페이지 등에서 볼 수 있습니다.

그림1-5 AWS 솔루션 페이지

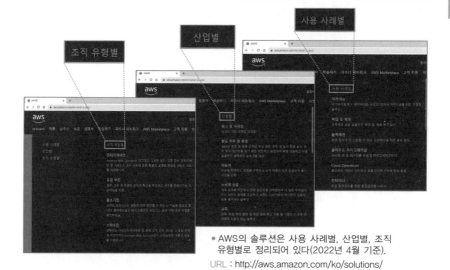

조직 유형별

산업별

사용 사례별

- AWS의 솔루션은 사용 사례별, 산업별, 조직 유형별로 정리되어 있다(2022년 4월 기준).
URL : http://aws.amazon.com/ko/solutions/

그림1-6 AWS 클라우드 제품 페이지

- AWS 클라우드 제품 페이지(URL : https://aws.amazon.com/ko/products/)
- 유명한 Amazon EC2, Amazon S3 이외의 서비스가 즐비하다

Point

✔ AWS 솔루션을 살펴보면 다양한 클라우드 서비스를 포괄적으로 제공한다는 걸 알 수 있다.

✔ 하고 싶은 일이 명확하다면 사용 사례별이나 클라우드 제품에서 찾아 보는 편이 알기 쉽다.

제공 서비스의 특징

IT 이용 전반을 지원하는 제품군

1-3 절에서는 AWS 솔루션 및 서비스에 대해 기업 및 단체의 비즈니스 및 업무를 중심으로 살펴봤습니다. 이번에는 **클라우드 제품**(AWS에서는 개별 클라우드 서비스를 이렇게 부른다. 제품이나 클라우드 기반 제품이라고 부르기도 한다)의 관점에서 특징을 살펴보겠습니다.

AWS의 클라우드 제품은 주로 다음과 같이 IT 이용 전반을 지원하는 제품군으로 구성되어 있습니다(그림 1-7).

- ◆ **IT 리소스 제품군**

   컴퓨팅(서버), 스토리지, 데이터베이스, 네트워크, 최종 사용자 컴퓨팅(클라이언트) 등
- ◆ **시스템 개발 및 운영에 필수적인 제품군**

   분석, 개발자 도구, 관리 도구, 보안 등
- ◆ **비즈니스 애플리케이션 및 최신 기술**

   특정 비즈니스 애플리케이션, AI, IoT 등

각각의 제품에는 Amazon XX처럼 개별 서비스 명칭이 붙어 있습니다. 현재 200개가 넘는 다양한 서비스가 제공되고 있습니다.

서비스의 특징

하나하나의 서비스 안에 더 **상세하게 메뉴가 구성되어 있어, 개별적인 요구에도 대응할 수 있게 되어 있습니다.**

다른 관점에서는 각각의 서비스를 소규모에서 초대규모로 **확장할 수 있다**는 특징도 있습니다. 작게 시작해서 확장하는 경우나 일시적인 이용 등에도 원활하게 대응할 수 있습니다(그림 1-8).

그림1-7 AWS 클라우드 제품의 개요

IT 리소스 제품군

- 컴퓨팅(서버)
  예) Amazon EC2, Amazon ECS

- 스토리지
  예) Amazon S3, Amazon EBS

- 데이터베이스
  예) Amazon RDS,
     Amazon DynamoDB

- 네트워크
  예) Amazon VPC

- 최종 사용자 컴퓨팅(클라이언트)
  예) Amazon WorkSpaces

시스템 개발 및 운영에 필수적인 제품군

- 분석
  예) Amazon Athena, Amazon
     Redshift

- 개발자 도구
  예) AWS Cloud9, AWS CodeBuild

- 관리 도구
  예) Amazon CloudWatch,
     AWS CloudFormation

- 보안
  예) AWS IAM, AWS Cognito

비즈니스 애플리케이션 및 최신 기술

- 특정 비즈니스 애플리케이션
  예) Amazon Connect (콜센터용)

- AI
  예) AWS AI

- IoT
  예) AWS IoT

- IT 이용 전반을 지원하는 제품군
- IT 리소스, 시스템 개발 및 운영,
  애플리케이션이나 최신 기술로 나누어
  생각하면 이해하기 쉽다
- 각각 밀접하게 협력하고 있다

그림1-8 확장 가능한 서비스의 특징

소규모

서버
×1

스토리지
30GB

네트워크
×1

확장에 유연하게
대응할 수 있다

대규모

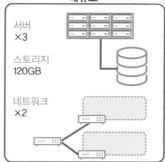

서버
×3

스토리지
120GB

네트워크
×2

- 유연하게 확장 가능한 대응을 할 수 있다
- 일시적인 이용 등에도 원활하게 대응할 수 있다

Point
- ✔ AWS는 IT 전반의 이용을 지원하는 서비스를 200개 이상 제공한다.
- ✔ 서비스의 특징으로 상세한 메뉴 구성과 확장 가능한 대응을 들 수 있다.

인기의 비결

무료로 사용할 수 있는 서비스

AWS가 현재와 같은 인지도와 인기를 얻고 있는 이유 중 하나로 **AWS 프리 티어**를 들 수 있습니다. 일반적으로 **무료 평가판**이라고도 하는데, 신규 사용자라면 계정을 만들어 가입한 날로부터 12개월 동안 일부 서비스를 무료로 이용할 수 있습니다. 실제로 무료로 이용하는 사람은 기업이나 단체에서 IT 관련 일을 하는 엔지니어나 학습자가 많은 것 같지만, 주요 서비스를 1년간 무료로 사용할 수 있는 점은 고마운 일입니다(그림 1–9).

물론 전체 서비스가 아니라 주요 서비스의 일부 기능이지만, 일단 조작법을 확인하고, 성능을 테스트하거나 평가하고, 소규모 시스템을 실제로 만들어 보는 등 용도로는 충분합니다.

서비스에 따라서는 무료 이용 한도나 기능을 초과할 수도 있으므로, 무료 이용 범위 내에서 사용하고 싶다면 주의해야 합니다.

최신 기술을 이용할 수 있다

무료로 다양한 서비스의 평가판을 사용할 수 있다는 점 이외에도 인기 있는 이유는 **복잡한 최신 기술을 비교적 간편하게 이용할 수 있다**는 점입니다.

예를 들면, DX 시대를 대표하는 AI, IoT, 컨테이너, 모바일, 빅데이터 등 한 번쯤 들어봤을 법한 첨단 기술을 바로 시험해 볼 수 있는 상태로 되어 있습니다(그림 1–10). 이러한 기술을 직접 실용화하려고 하면, 서버에 환경을 구축하는 것만으로도 엄청난 노력이 필요합니다. 그러한 수고를 덜어주고 손쉽게 이용할 수 있는 환경을 갖추고 있는 것입니다.

또, 기업 입장에서는 AWS는 클라우드 서비스일 뿐이므로, 기존 시스템이나 IT 장비 유지보수 등의 거래와 달리 과거에 얽매이지 않고 사용할 수 있다는 시각도 있습니다.

그림1-9 무료 계정 생성 화면

AWS는 특별한 제한 없이 누구나 이용할 수 있다.
무료 계정을 생성하려면 다음 세 가지가 필요하다.

무료 계정 생성에
필요한 것

이메일 주소

****

사용자 암호

AWS 계정 이름

● AWS 프리 티어로 검색하면 표시되는 페이지
(URL : https://aws.amazon.com/ko/free/)

2023년 1월 기준 3종류의 프리 티어 오퍼 유형이 존재한다

● 무료 평가판 …… Amazon Lightsail(웹 서버 기본 세트·3개월), Amazon SageMaker
(개발자용 기계 학습·2개월) 등
● 12개월 무료 …… Amazon EC2, Amazon S3, Amazon RDS, 기타 주요 서비스 이용 가능
● 항상 무료 …… Amazon SNS, Amazon Lambda(이벤트 발생시 코드 실행·월 100만회까지) 등

그림1-10 최신 기술 이용

AI

컨테이너

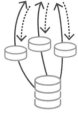

빅데이터

IoT

모바일

DX를 대표하는 최신 기술을 완성된 형태로 이용할 수 있다

Point
✔ AWS는 인기가 높은 클라우드 서비스이지만, 그 배경에는 비교적 장기간에
걸친 무료 이용 기간이 있다.
✔ 복잡한 최신 기술을 비교적 원활하게 이용할 수 있는 것도 인기 비결 중 하
나이다.

시스템 구축에서 운영까지 모두 갖추다

시스템 운영 관리

1-4 절에서 AWS는 컴퓨팅, 스토리지, 데이터베이스, 네트워크 등의 IT 리소스를 제공한다고 설명했습니다. 게다가 화제의 최신 기술도 사용할 수 있도록 갖춰져 있기에 시스템 구축이나 기술 쪽으로 눈길이 가기 십상입니다. 그러나 시스템을 구축하고 나면 **운영관리**로 들어가게 되는데, 후자가 더 **장기적으로 지속되는 업무**입니다.

시스템 운영관리라고 하면, 운영 모니터링과 시스템을 안정적으로 가동하기 위한 관리, 장애 발생 시 복구 등이 있는데, 모두 중요한 업무입니다.

참고로 클라우드 서비스를 제공하는 대형 클라우드 사업자의 관점에서 일반적인 운영관리를 정리하면 IT 서비스 컨트롤이라고도 하는데, 그림 1–11처럼 인프라 관리, 시스템 관리, 개별 사용자용 등과 같이 다양합니다.

AWS에서도 이들과 마찬가지로 시스템 이면에서 운영관리 서비스가 실행되고 있으며, 사용자 측에서도 확인할 수 있는 서비스를 제공하고 있습니다.

AWS의 운영관리 서비스

Amazon CloudWatch는 AWS에서 이용하는 IT 리소스 운영 감시 서비스입니다. 각각의 리소스 감시를 비롯한 관리를 하고 있습니다. 예를 들면 CPU 사용률, 스토리지 사용량, 네트워크 이용 상황 등을 들 수 있는데, 모두 시스템 운영 관리에서 기본이라고도 할 수 있는 관리 항목입니다(그림 1–12).

AWS를 비롯한 클라우드 서비스에서는 임계값을 설정하여 해당 수치에 도달한 경우 **담당자에게 알리거나 자동으로 리소스를 조정하는 등의 대책을 취합니다.**

그림1-11	대형 클라우드 사업자에게 공통되는 IT 서비스 컨트롤

IT 서비스 컨트롤

인프라 관리	IT 기기 보수	백업 및 복구 운영	IT 기기 환경 변수
시스템 관리	시스템 상황 확인	보안 대책	멀티 클라우드 운영
개별 사용자용	가상화 기반 운영	업무 운영	장애 대응

- 인프라 관리, 시스템 관리, 개별 사용자용으로 주로 3계층으로 구성되어 있다
- 사용자 측에서는 이렇게 정리되어 보이는 경우와 보이지 않는 경우가 있다

그림1-12	Amazon CloudWatch의 개요

주로 4가지 기능으로 구성되어 시스템의 운영과
안정 가동을 가능하게 하는 시스템

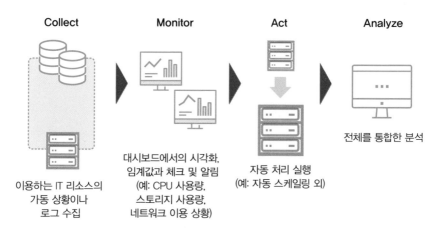

Collect	Monitor	Act	Analyze

전체를 통합한 분석

이용하는 IT 리소스의
가동 상황이나
로그 수집

대시보드에서의 시각화,
임계값과 체크 및 알림
(예: CPU 사용량,
스토리지 사용량,
네트워크 이용 상황)

자동 처리 실행
(예: 자동 스케일링 외)

Point
- ✔ 시스템 운영 관리는 시스템 구축 후 장기간 지속되는 중요한 업무
- ✔ AWS를 비롯한 클라우드 서비스에서는 장애가 발생한 경우 담당자에게 통지하거나 자동으로 리소스를 조정하는 등의 대책을 취한다.

AWS를 이용할 때 필요한 것

가장 먼저 필요한 정보

지금까지 클라우드 서비스로서 AWS의 개요와 이미지를 파악했을 것으로 생각합니다. 실제로 AWS를 이용하려면, 먼저 **계정 생성** 과정이 필수입니다. 이 과정은 법인이나 개인 모두 동일합니다. 기본으로 한국어를 선택하고 다음 항목을 입력합니다. 이들은 로그인할 때에도 필요한 중요한 입력 항목입니다(그림 1-13).

- ◆ 이메일 주소
- ◆ 사용자 암호
- ◆ AWS 계정 이름

위의 입력 항목은 미리 생각해 두는 것이 좋습니다.

그밖에 필요한 정보

이메일 주소와 계정 이름을 입력하면 보안 검사 화면이 표시됩니다. 화면에 표시된 문자를 입력하면, 이메일 주소가 유효한지 확인합니다. 이어서 루트 사용자 암호를 생성하고 비즈니스 용도인지 개인 용도인지 선택한 후 전화번호와 국가, 주소, 우편번호 등을 입력합니다. AWS는 계정 생성 과정을 5단계로 진행합니다(그림 1-14). 진행 중에 **신용카드 번호와 같은 결제 관련 정보도 등록**해야 합니다. '무료로 사용할 때는 필요 없지 않나?'라고 생각하는 사람도 있을지 모르지만, **무료 사용 범위에 들어가지 않는 경우도 있으므로 사용자와 AWS 양쪽에 필요한 절차입니다.** 필자도 처음 이용했을 때 무료 사용 범위 이내에서 테스트할 생각이었기 때문에, 카드 정보를 입력할 필요가 없다고 생각했습니다. 그러나 실제로 이용하다 보니 서비스에 대한 이해가 부족하여 유료로 사용하게 되었습니다. 이 책에서는 이런 개인적인 실패담도 따로 전합니다. 게다가 전화 등으로 본인 확인을 하므로, 전체적으로는 사이트 스푸핑 등을 할 수 없게 되어 있습니다.

그림 1-13 AWS 계정 생성

- AWS 가입 화면으로, 검색 엔진에서 'AWS 계정 생성' 등으로 검색하면 표시된다.

그림 1-14 AWS 계정 생성에 필요한 정보

- 왼쪽 화면에서는 비즈니스 또는 개인을 선택, 전화번호, 국가, 주소, 우편 번호 등을 입력한다
- AWS 계정 '생성'이나 'AWS 계정 생성 단계' 등으로 표시된다

AWS 공식 웹사이트에서는 계정 생성 단계를 5단계로 설명한다.
(URL : https://aws.amazon.com/jp/register-flow)

1단계: AWS 계정 생성(그림 1-13 화면)

2단계: 연락처 정보 입력(왼쪽 화면)

3단계: 결제 정보 입력

4단계: SMS 또는 음성 전화로 본인 확인

5단계: AWS 지원 플랜 선택(무료 이용 시 기본 지원 선택)

Point

✔ AWS 계정을 만들 때는 이메일 주소, 사용자 암호, AWS 계정 이름이 필수

✔ 무료 범위로만 이용할 예정이라도 신용카드 번호 등 결제 정보 입력이 필요

두 종류의 사용자

루트 사용자와 IAM 사용자

앞 절에서 생성한 계정 자체는 법인이든 개인이든 이용하는 조직이나 개인에 고유한 계정입니다.

계정을 사용하는 사용자에는 **루트 사용자**와 **IAM 사용자**(Identity and Access Management, 통칭:아이엠)라는 두 종류가 있습니다.

AWS 로그인 화면에서도 루트 및 IAM 사용자가 표시됩니다(그림 1-15). 이 둘은 큰 차이가 있습니다.

- ◆ **루트 사용자**
  매우 강력한 모든 권한을 가진 사용자로, 기본적으로 계정 생성 이후에 사용을 권장하지 않습니다.

- ◆ **IAM 사용자**
  일상적인 작업은 IAM 사용자가 수행합니다. 개인별, 권한별로 세분화하는 것이 좋습니다.

덧붙여, 앞 절에서 계정을 생성한 상태에서는 계정 늑 루트 사용자만 존재하고, IAM 사용자는 아직 만들어지지 않습니다.

사용자 생성 및 추가 기본

루트 사용자가 IAM 사용자 중에서도 최상위 관리가 가능한 IAM 사용자를 만들고, 해당 IAM 사용자가 새로운 IAM 사용자 계정을 추가하는 것이 기업에서 이용하는 기본 방법입니다. 추가된 IAM 사용자는 그림 1-16처럼 **개인이나 역할별로 최소한의 권한에 그칩니다.** 덧붙여 실제 IAM 사용자 생성 사례는 4-7 절에서 설명합니다.

그림1-15 AWS 로그인 화면

- AWS 로그인 화면에서 발췌. 루트 사용자에 체크한 경우(왼쪽)와 IAM 사용자에 체크한 경우(오른쪽)
- 루트 사용자는 이메일 주소를 입력하고 IAM 사용자는 계정 ID 등을 입력한다.
- 기본적으로 IAM 사용자를 바로 추가하고 루트 사용자로 로그인하지 않는다.

그림1-16 사용자를 추가하는 방법

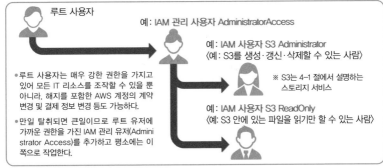

- S3를 예로 들었지만, 그 밖의 IT 리소스에서도 시스템 개발 담당과 운영 담당, 단순 이용 등 다양한 권한이나 역할에 따라 세세하게 사용자를 나누어 간다.
- 최소한의 필요 사용자 수, 각각의 권한부터 시작해서 필요에 따라 권한을 높이거나 사용자를 늘려 나간다.
- 기업 등에서는 위와 같은 진행 방식이 기본이나, 개인이라도 IAM 사용자를 추가하여 이용하는 습관을 들이는 것이 좋다(1명의 개인이면 루트 사용자, IAM 관리 사용자는 동일인).

Point

✔ AWS 사용자는 루트 사용자와 IAM 사용자의 두 가지 유형이 있으며 일상적인 작업은 IAM 사용자가 수행한다.

✔ IAM 사용자는 개인별, 역할별로 나누어 추가하는 것이 기본

AWS 이용 요금

과금 방식

AWS는 다양한 IT 리소스와 서비스를 제공하는데, 이용 요금은 기본적으로 **종량제**입니다.

종량제 과금은 클라우드 서비스에서는 일반화된 방식으로, IT 리소스를 사용한 양만큼 돈을 지불하는 체계입니다.

종량제 과금 방식의 장점은 서버나 스토리지 등을 직접 준비하는 경우와 비교할 때 두드러집니다. 직접 장비를 준비할 때는 필요한 성능이나 용량보다 어느 정도 여유를 두고 도입을 검토하게 됩니다. 또한 처리나 데이터가 증가함에 따라 물리적으로 기기를 늘려야 하는데 이것도 어려운 작업입니다. 하지만 클라우드 서비스를 이용하면, 사용하는 만큼 필요 최소한의 IT 리소스로 해결할 수 있습니다. 게다가 IT 리소스가 증가 또는 감소하더라도 물리적으로 기기를 준비하거나 사후 처리에 신경 쓸 필요가 없습니다(그림 1- 17).

IT 리소스마다 과금 방식이 다르다

실제 요금은 IT 리소스 특성에 따라 요금 산출 방식이나 체계가 다릅니다.

서버를 예로 들면 서버를 사용한 시간 × 단가가 기본이 되지만, 스토리지에서는 사용한 용량이나 액세스 양 등이 기본이 됩니다. 네트워크는 서버 등과는 과금 방식이 다릅니다(그림 1-18).

덧붙여 AWS에서는 단위 시간당 요청에 대응하는 이용은 **온디맨드**라고 불리고 있습니다. 기본은 온디맨드이지만, 그 외에 스팟이나 Saving Plans 등의 조건부 할인 플랜도 있습니다.

다양한 서비스를 포함하여 많은 IT 리소스를 이용할 예정인 경우에는 할인 플랜도 조사해 보는 것이 좋습니다.

그림1-17 클라우드를 이용하는 장점

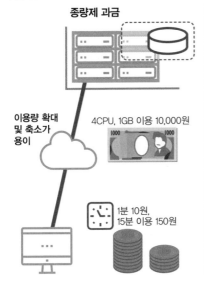

종량제 과금

이용량 확대
및 축소가
용이

4CPU, 1GB 이용 10,000원

1분 10원,
15분 이용 150원

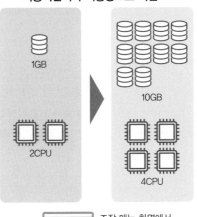

이용시간이나 이용량으로 과금

1GB

10GB

2CPU

4CPU

조작 메뉴 화면에서
쉽게 리소스를 확대하고
축소할 수 있다

그림1-18 IT 리소스별로 다른 과금 체계의 예

 서버

- 이용 시간 × 단가 등
- Amazon EC2의 소형 서버 등에서는 시간당 0.01달러 등

 스토리지

- 이용량, 액세스 양 등에서 일정 용량까지는 무료인 것도 있다
- Amazon S3에서는 10GB에 0.25달러, 1액세스에 0.005달러 등

 네트워크

- 서버나 스토리지와는 과금 체계가 다르다
- Amazon VPC는 기본 무료이며 VPN 연결 등으로 시간에 따라 요금이
  부과된다.

- AWS에서는 단위 시간당 사용을 온디맨드라고 한다.
- 그 밖에 스팟 등 조건부 할인 플랜도 있다

Point

✔ AWS 요금은 사용한 만큼 과금되는 종량제로, 주요 클라우드 서비스에서는
일반적인 방식이다.

✔ IT 리소스의 특성에 따라 요금 부과 기준이 다르다.

요금 관리

청구 정보 확인

돈에 관련된 이야기는 이용할 때 중요한 사항이므로 여기서 정리해 두겠습니다. 클라우드 서비스에서는 오늘은 6시간 이용했다, 어제는 8시간 이용했다처럼 매번 기록하면서 이용하는 사용자는 소수입니다. 대다수는 기간 단위로 살펴보게 됩니다.

AWS에서는 **대금 및 비용 관리** 대시보드(화면)를 제공하고 있어, 그곳에서 이용 요금이나 서비스별 내역 등을 확인할 수 있습니다.

비용과 관련된 상세한 사용 상황의 분석은 비용 탐색기(Cost Explorer)를 이용하고, 예산을 설정해서 관리하고 싶은 경우에는 AWS Budgets라는 서비스를 이용할 수도 있습니다(그림 1-19). 이런 기능을 조합해서 정기적으로 확인하는 등 이용 상황과 그에 따른 비용 혹은 예산을 관리하세요.

비용 관리에 신경 써서 이용한다

실제로 이용을 시작하면 비용 관리가 중요하다는 것을 알 수 있습니다.

필자의 실패담을 예로 들어 보겠습니다. 필자는 12개월 프리 티어로 웹 서버를 구축해 웹 애플리케이션 테스트 등에 사용하다가, 무료 기간을 고려하여 무료 서비스가 끝나기 2개월쯤 전에 인스턴스를 종료했습니다.

그리고 나서 이제 요금이 청구되지 않을 거라고 생각했지만, 인스턴스를 종료하고 한 달 정도 지나서 요금 청구 메일이 도착했습니다. 확인해 보니, 웹사이트 전용 고유 IP 주소인 Elastic IP 주소를 설정한 기간에 대한 요금이라는 것을 알게 되었습니다(그림 1-20). 실제로 지불한 것은 몇 달러에 불과했지만, Elastic IP 주소의 요금 체계를 사전에 이해하고, 예산을 바탕으로 알림을 설정하거나 혹은 정기적으로 비용 관리 화면을 확인했더라면 무료 혹은 아주 낮은 금액에 그쳤을 것입니다.

위의 예에서는 소규모이면서 단기간 이용한 사례여서 적은 금액으로 끝났지만, 대규모 시스템이라면 그렇지 않을 것입니다. **앞으로 이용을 시작할 사람은 요금이나 비용 관리에 주의해서 진행하세요.**

그림1-19 대금 및 비용 관리 화면 이미지

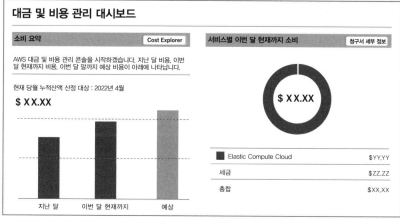

대금 및 비용 관리 대시보드

소비 요약 | Cost Explorer

AWS 대금 및 비용 관리 콘솔을 시작하겠습니다. 지난 달 비용, 이번 달 현재까지 비용, 이번 달 말까지 예상 비용이 아래에 나타납니다.

현재 당월 누적산액 산정 대상 : 2022년 4월

$ X X.XX

지난 달 | 이번 달 현재까지 | 예상

서비스별 이번 달 현재까지 소비 | 청구서 세부 정보

$ X X.XX

■ Elastic Compute Cloud	$YY.YY
세금	$ZZ.ZZ
총합	$XX.XX

※ '대금과 비용 관리 대시보드'를 참고용으로 간략화한 이미지

그림1-20 비용 관리를 철저히 했더라면 ~ 필자의 실패 사례 ~

AWS

- 테스트에 이용한 프리 티어 웹 서버(인스턴스)
- Elastic IP 주소(고유 IP 주소로 웹 서버에서는 필수)

인터넷

This e-mail confirms that your latest billing statement, for the account ending in xxxx, is available on the AWS web site. Your account will be charged the following:

Total: $1.42

You can see a complete break down of all charges on the Billing & Cost Management page located here:

https:// · · ·

- 프리 티어에서 웹 서버(인스턴스) 이용
- 웹 서버(인스턴스) 이용 종료. 무료로 끝난 줄 알았는데 나중에 AWS에서 청구 메일이!
- AWS에 확인한 결과 Elastic IP 주소를 계속 이용하고 있었기 때문으로, 인스턴스와 세트로 이용하면 무료이지만 Elastic IP 주소가 남으면 청구 대상이 된다는 걸 알았다.

Point

✔ AWS는 청구 정보 및 비용 관리 서비스를 제공한다.

✔ 이용할 때는 비용 관리 화면으로 어떻게 가는지, 어떤 내용을 확인할 수 있는지 사전에 확인하고 이용해야 한다(필자의 실패담을 참고하자!).

AWS 연결 환경

클라우드의 기본은 인터넷 연결

AWS뿐만 아니라 클라우드 서비스는 **기본적으로 인터넷을 통해서 이용합니다**. 그렇기 때문에 사용자에게는 인터넷에 연결할 수 있는 환경이 필수적입니다.

예를 들어, 개인이 집에서 AWS에 연결하는 경우에는 보통 계약된 ISP(Internet Service Provider)의 서버를 경유해서 AWS의 웹사이트나 IT 리소스에 도달합니다.

기업이나 단체의 경우에는 가상 사설망인 **VPN**(Virtual Private Network)이나 전용선 등으로 필요한 보안 대책을 실시한 후 사업소 등의 거점에서 연결합니다(그림 1-21).

이때 AWS 연결이라고 해도 시스템 관리자로 연결할 것인지 일반 사용자로 이용할 것인지에 따라 구체적인 절차는 다릅니다.

관리자는 개인 혹은 기업이나 단체 내 관리자라 하더라도 일반 사용자와 달리 특별한 보안 대책을 세워 연결합니다. 이는 AWS의 IT 리소스 내부로 들어가 뒤에서 조작하게 되므로 특정인만 연결할 수 있도록 하는 것이 일반적입니다. 이와 관련된 내용은 3-12 절 이후에 다시 설명하겠습니다.

전용선으로 연결하는 케이스

인터넷을 경유해서 AWS에 연결하는 경우가 많지만, 기업 내 시스템 및 서버와 AWS 내 시스템 및 서버 등을 연결하는 경우에는 통신 성능이나 보안 확보 측면에서 통신사업자 등이 제공하는 **전용선**을 사용하기도 합니다(그림 1-22).

그러므로 AWS에 연결하는 수단은 크게는 인터넷과 전용선이 있다는 것을 기억해 둡시다.

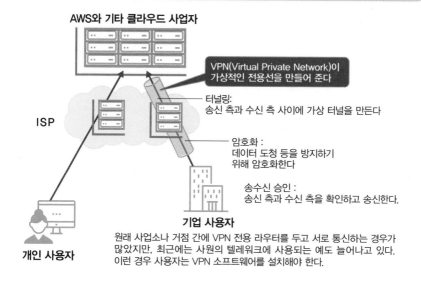

그림 1-21 AWS에 인터넷으로 연결하는 예

Chapter 1

AWS 사용하기

AWS와 기타 클라우드 사업자

VPN(Virtual Private Network)이 가상적인 전용선을 만들어 준다

터널링:
송신 측과 수신 측 사이에 가상 터널을 만든다

ISP

암호화 :
데이터 도청 등을 방지하기 위해 암호화한다

송수신 승인 :
송신 측과 수신 측을 확인하고 송신한다.

기업 사용자

개인 사용자

원래 사업소나 거점 간에 VPN 전용 라우터를 두고 서로 통신하는 경우가 많았지만, 최근에는 사원의 텔레워크에 사용되는 예도 늘어나고 있다. 이런 경우 사용자는 VPN 소프트웨어를 설치해야 한다.

그림 1-22 전용선을 이용하는 예

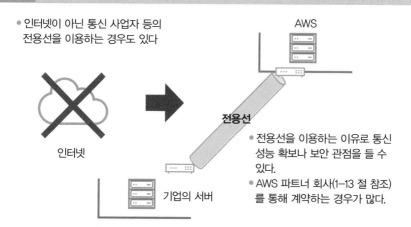

- 인터넷이 아닌 통신 사업자 등의 전용선을 이용하는 경우도 있다

AWS

인터넷

전용선

기업의 서버

- 전용선을 이용하는 이유로 통신 성능 확보나 보안 관점을 들 수 있다.
- AWS 파트너 회사(1-13 절 참조)를 통해 계약하는 경우가 많다.

Point

✔ 클라우드 서비스에 연결하는 기본 수단은 인터넷

✔ AWS의 시스템과 다른 시스템을 연결하는 경우에는 통신 사업자 등이 제공하는 전용선을 이용할 수도 있다.

AWS에 가까운 서비스

3대 메가 벤더란 누구일까?

AWS와 함께 들 수 있는 클라우드 서비스에는 Microsoft의 **Azure**와 Google의 Google Cloud Platform(**GCP**)이 포함됩니다. 아마존, 구글, 마이크로소프트는 IT 업계에서는 클라우드 메가 벤더로 불리고, **3대 메가 벤더**라고 하면 이들 3사만을 가리키기도 합니다.

메가 벤더로 불리는 이유로는 각각 세계 주요 지역에 클라우드 서비스 전용 데이터센터 등의 거점을 두고 있고, 글로벌한 서비스를 제공하며 압도적인 고객수를 자랑하는 대규모 서비스를 제공한다는 점을 들 수 있습니다(그림 1-23).

3대 메가 벤더의 특징

3대 메가 벤더의 공통점은 원래 태생이 비슷하다는 것입니다. 아마존은 대규모 온라인 쇼핑몰, 구글은 메일 및 기타 개인 서비스, 마이크로소프트는 이전에 MSN이라는 대규모 웹서비스를 제공하고 있었습니다. 모두 억대의 가입자 수를 자랑하는 개인 사용자를 위한 글로벌 서비스로서 데이터 처리량도 방대합니다. 또 전혀 다른 관점에서는 세 회사 모두 무료 이용 기간이 길다는 특징도 있습니다.

법인을 위한 서비스 제공은 물론이고 개인을 위한 서비스에도 강점이 있으므로, 개인을 사용자로 만들고 그 사람들이 소속된 법인도 사용자로 만드는 전략을 실행할 수 있습니다. 초대규모 개인용 서비스 경험이나 장기 무료 이용 기간 등은 다른 IT 벤더에서 흉내 낼 수 없는 것입니다(그림 1-24).

또한 메가 벤더의 각각의 특징을 나타낸다면, AWS는 다양한 서비스와 앞선 개발 환경이 정비된 클라우드 서비스의 표준, GCP는 **첨단 기술에 관심이 많은 개인 및 기업용 서비스**, Azure는 **마이크로소프트 제품 및 서비스와의 원활한 연계** 등으로 표현할 수 있습니다.

그림1-23 3대 메가 벤더란?

메가 벤더 중에서도 아마존, 마이크로소프트,
구글은 3대 메가 벤더라고도 불리고 있는 특별한 존재

다음과 같은 공통점이 있다.

- 전 세계 주요 지역에 클라우드 서비스 거점을 가지고 있으며 글로벌 서비스를 제공한다.
- 압도적인 고객 수를 자랑하는 대규모 서비스를 제공하고 있다

그림1-24 3대 메가 벤더 고유의 경험과 장기간의 무료 이용 서비스

초대규모 개인용 서비스 경험

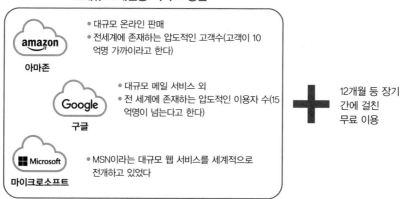

- 기타 IT 벤더와 클라우드 벤더에서 흉내 낼 수 없는 경험과 서비스

Point

✔ 아마존, 구글, 마이크로소프트는 IT 업계에서는 클라우드 서비스의 3대 메가 벤더라고도 한다.

✔ GCP는 첨단 기술을 추구하고, Azure는 마이크로소프트의 제품이나 서비스와 원활하게 연계되는 등 각각 특징을 가지고 있다.

계속 확대되는 AWS 이용

AWS 파트너 네트워크와의 협업

앞에서 AWS는 클라우드 서비스의 표준이 되고 있다고 말했습니다. 이른바 IT 업계라는 테두리에서 말하자면 아마존은 후발 주자이지만, 다른 대형 IT 기업과 마찬가지로 이미 수많은 파트너를 보유하고 있습니다. AWS에서는 이를 통칭하여 **AWS 파트너 네트워크**(APN)라고 부르는데, 대형 IT 기업들도 아마존의 파트너로서 AWS를 판매하는 관계가 구축되어 있습니다. 예를 들어 후지쯔나 IBM 등과 계약을 맺고 AWS를 이용할 수도 있습니다.

이를 통해 대규모 시스템이라도 **시스템 구축은 대형 IT 기업에 의뢰하고, 완성된 시스템을 AWS 상에서 제공하거나 이용함으로써 서로의 장점을 취할 수 있습니다**(그림 1-25).

SaaS 기반으로서의 AWS

또한 AWS는 **SaaS의 기반으로서 많은 서비스에서 이용**되고 있습니다. 예를 들어, 최근 화제인 로우코드 개발과 워크플로우 시스템으로 유명한 인트라마트(intra-mart)는 클라우드 버전으로 제공될 경우에 AWS를 이용합니다. 마찬가지로 BPM으로 유명한 Pega의 클라우드 버전도 AWS를 이용합니다.

이러한 사례는 인지도가 있는 소프트웨어 제품들이 클라우드 버전을 출시할 때 자사의 클라우드로 제공하기보다 AWS를 기반으로 제공하는 것이 대세가 되었음을 보여줍니다(그림 1-26). 물론 이러한 SaaS 서비스의 경우, 소프트웨어 판매 및 개발 업체가 APN에 참여하고 있습니다.

앞서 말한 서로의 장점을 취하는 협업 형태는 지난 몇 년 동안 급증하고 있으며, 소프트웨어 제품의 클라우드 버전에서 AWS를 이용하는 사례도 마찬가지로 증가하고 있습니다. 이처럼 일반적으로 잘 보이지 않는 곳에서도 AWS의 이용 확대는 급속히 진행되고 있습니다.

그림1-25 협업 이미지

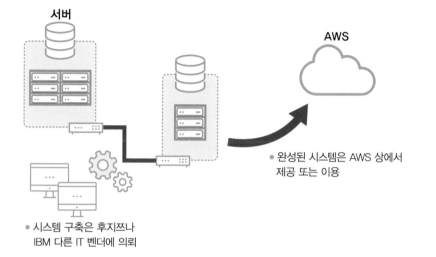

서버

AWS

● 완성된 시스템은 AWS 상에서
제공 또는 이용

● 시스템 구축은 후지쯔나
IBM 다른 IT 벤더에 의뢰

그림1-26 SaaS에서 AWS 이용하기

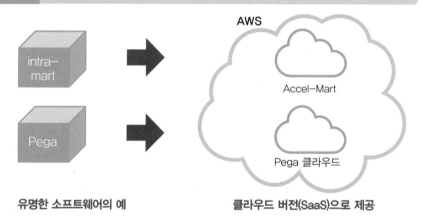

AWS

intra-
mart

Accel-Mart

Pega

Pega 클라우드

유명한 소프트웨어의 예　　　　**클라우드 버전(SaaS)으로 제공**

● 유명한 소프트웨어 제품이 DX 시대의 물결을 타고 클라우드 버전(SaaS)으로 제공되고 있다.
● 서비스명을 보면 각자 고유의 명칭이 붙여져 있지만, 실제로는 AWS 상에서 제공되는 것도 많다.

Point　　✔ AWS에는 파트너 네트워크가 있으며 IT 벤더를 통해서도 계약할 수 있다.
　　　　　　✔ SaaS의 기반으로서 AWS의 이용도 증가하고 있다.

AWS 용어와 웹사이트에 친해지기

AWS 용어에 익숙해지는 요령

AWS에서는 이후 3장에서 설명하는 Amazon EC2 및 4장에서 설명하는 Amazon S3 등과 같이 독특한 서비스 이름이 붙어 있습니다.

전반적으로 **Amazon XX** 및 **AWS XX**처럼 정식 이름으로 표현되는 경우에는 Amazon이나 AWS가 앞에 옵니다. 현장에서 말할 때는 Amazon EC2나 Amazon S3라고 하기보다 간단하게 'EC2'나 'S3' 등 **뒤에 오는 짧은 단어로 부르는 경우가 많습니다**(그림 1-27).

따라서 공식 명칭을 아는 것도 중요하지만, 서비스를 식별하는 뒤에 오는 단어를 기억하는 것이 좋습니다. 다시 그림 1-6과 그림 1-7을 보면 이러한 경향이 있음을 알 수 있습니다.

웹사이트를 읽을 때의 마음가짐

3장부터 조금씩 살펴보겠지만, AWS의 웹사이트(**AWS 공식 웹사이트**라고 불린다)를 실제로 보면, 특히 매뉴얼 등에서 어려운 표현이 되는 경우가 자주 있습니다. 이는 구글의 GCP에서도 마찬가지인데, 영어로 쓰인 문장을 번역하여 제공하기 때문에 아무래도 어렵게 표현된 부분이 있습니다.

이런 점에는 이제 익숙해질 수밖에 없지만, 공식 웹사이트의 페이지 수와 글자 수도 많기 때문에 큰일입니다.

필자는 이런 방법을 제안해 봅니다. **IT 리소스를 생성하거나 설정하는 작업 등에서는 틀리지 않게 단어 하나하나를 꼼꼼히 읽어나갈 수밖에 없지만, 서비스 설명 등에서는 의미를 파악하는 정도로 살펴보거나 AWS 용어를 일반 표현으로 대체해 읽는 것이 좋습니다.** 예를 들어, 그림 1-28처럼 요약해서 의미를 파악합니다. 그러면 글자가 많아도 조금은 편하게 읽어나갈 수 있습니다.

그림1-27	AWS 용어에 익숙해지자

클라우드 제품명(서비스 명)의 예	정식 명칭	일반적으로 부를 때
Amazon EC2	Amazon Elastic Compute Cloud	EC2
Amazon S3	Amazon Simple Storage Service	S3
Amazon VPC	Amazon Virtual Private Cloud	VPC
Amazon RDS	Amazon Relational Database Service	RDS
AWS Lambda	AWS Lambda	Lambda

- EC2는 Compute Cloud에서 C가 2개 계속되므로 C2, S3도 S가 3개 계속되므로 S3.
- EC2를 일반적으로 짧게 EC2라고 부르는 사람도 있고 AWS EC2라고 부르는 사람도 있다.
- 현장에서는 길어서 공식 이름으로 부르는 사람은 거의 없다.

그림1-28	웹사이트 설명을 읽는 요령

[파일 서버를 위한 클라우드
구성과 견적의 예] 에서

Amazon EC2 상에 Linux 혹은 Windows OS
를 설치하고 스토리지 서비스인 Amazon
EBS(OS/데이터 영역)와 Amazon S3(백업
영역)를 조합하여 보안 정책이나 권한 관리,
인증 등을 포함하여 온프레미스 환경과
동일한 파일 서버를 클라우드 환경에서 구축,
운용할 수 있습니다.

일반 표현으로 바꿔보면 다음과 같다

Amazon 가상 서버에 Linux 또는
Windows OS를 설치하고, 가상 서버용
스토리지와 백업에 적합한 스토리지를
조합함으로써…

AWS 용어 :
Amazon EC2 : Amazon Elastic Compute Cloud
Amazon EBS : Amazon Elastic Block Storage
Amazon S3 : Amazon Simple Storage Service

- AWS 고유의 용어에 대해 어느 정도 익숙해질 필요가 있다.
- 익숙해지면 문제가 없다.

Point

✔ 아마존 XX와 AWS XX의 두 번째 단어를 기억하면 좋다.
✔ AWS 공식 웹사이트에서 어려운 표현을 자주 볼 수 있지만, 꼼꼼히 읽어야 할
것은 읽고 그렇지 않은 것은 개요를 파악하는 식으로 정리하며 익숙해지자.

AWS의 입구

AWS는 클라우드 서비스로, 처음에는 브라우저로 AWS 웹사이트를 통해서 서비스를 이용합니다. 여기 "따라해보자"의 코너에서는 실제로 AWS 웹사이트에 액세스해 보겠습니다. 가장 간단한 방법은 검색 엔진인 구글, 네이버 등에 'AWS'라고 입력하는 것입니다.

검색 엔진에 입력하는 예

AWS	🔍

위와 같이 입력하면, https://aws.amazon.com으로 시작하는 AWS 광고 페이지, 웹사이트 또는 AWS 클라우드 솔루션 페이지 등이 상위에 나열됩니다. 물론 https://aws.amazon.com/에 직접 액세스하는 것이 적절합니다.

개요에서 계정 생성으로 나아간다

검색 결과를 클릭하거나 탭하면 AWS 개요를 소개하는 페이지나 그림 1-9와 같은 프리 티어 페이지가 표시됩니다.

AWS를 이용하려는 사람이 처음 방문하는 페이지는 이러한 페이지입니다. 따라서 가입 버튼을 클릭하거나 탭하면 그림 1-13의 계정 생성 페이지로 이동합니다. 우선은 위와 같은 체계로 되어 있다는 것을 체험해 보세요.

Chapter 2

클라우드 이용의 기본

사전에 검토해야 하는 것

준비를 하고 나서 사용하는 서비스

시스템 개요를 상정한다 //

1장을 통해서 AWS의 개요에 대해서는 이해했으리라 생각합니다. 마음만 먹으면 바로 사용할 수 있는 시스템이고 서비스이지만, 기본적으로 AWS로 어떤 시스템이나 서비스를 구현하고 싶은지 사전에 계획하고 나서 이용합니다. 우선 어떤 시스템인지 간단하게 구성을 가정해 보는 것을 추천합니다.

예를 들어 수백 명의 직원이 매일 이용하는 업무 시스템이 있다고 하겠습니다. 자체적으로 IT 리소스를 보유하고 관리하는 **온프레미스** 형태라면, 본사 전산실이나 데이터센터 등의 정보시스템 부서가 관리하는 건물이나 방에 시스템을 설치하게 됩니다. 네트워크에는 각 거점에서 본사와 원활하게 액세스할 수 있게 해주는 설비가 필요하고, 서버에는 그에 상응하는 성능을 가진 메인 시스템과 백업 시스템이 필요합니다. 이 밖에도 일반적인 사례나 지금까지의 경험을 바탕으로 시스템 기반부터 예상할 수 있습니다(그림 2-1).

개요를 문서로 작성한다 //

위의 내용을 **클라우드에서 어떻게 구현할 것인지 혹은 AWS에서 어떻게 구현할 수 있는지 사전에 문서로 만들어 정리합니다.** 일반적으로 **구성 설계, 논리 구성도** 등으로 정리합니다. 이어서 시스템 설치 장소와 본거지는 어디인지 네트워크와 서버 혹은 스토리지는 어떻게 구성할지 등을 구체화합니다(그림 2-2). 그다음에는 필요한 IT 리소스를 만들고 설정에 들어가서 **AWS에서의 준비로 이어집니다.**

클라우드나 AWS를 이용하면 대상 시스템을 관리하는 별도의 시스템이나 자체적인 관리가 필요 없어지는 장점도 있습니다. 이 점은 정말 편리합니다.

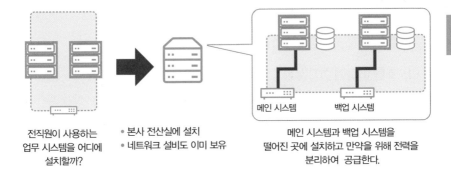

그림 2-1 온프레미스 구성으로 개요를 가정한다

메인 시스템   백업 시스템

전직원이 사용하는
업무 시스템을 어디에
설치할까?

• 본사 전산실에 설치
• 네트워크 설비도 이미 보유

메인 시스템과 백업 시스템을
떨어진 곳에 설치하고 만약을 위해 전력을
분리하여 공급한다.

• 온프레미스 시스템에서는 이전 경험과 장비 상황에 따라 결정된다.

그림 2-2 간단한 논리 구성도에 적용한 예

온프레미스와 클라우드 모두에서 공통인 논리 구성도
(예로 든 기업의 도쿄 본사를 상정하고 메인과 백업을
본사 전산실에 설치)

클라우드에서 이용되는 구성도
(클라우드화를 상정한 간단한 예)

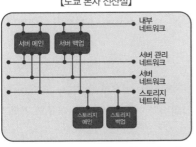

【도쿄 본사 전산실】

【AWS 도쿄 리전】

• 왼쪽은 온프레미스 시스템을 간단한 논리 구성도로 작성한 예
• 오른쪽은 동일한 시스템 구성을 AWS의 리전(2-2 절 참조)이나 AZ(2-3 절 참조)를 상정하여 치환한 예
• 오른쪽은 AWS를 비롯하여 클라우드 서비스에서 자주 사용되는 일러스트의 예로, 최근에는 왼쪽 논리 구성도를
만들지 않고 처음부터 오른쪽 구성만 작성되는 경우도 늘고 있다

Point

✔ 클라우드를 이용하기 전에 어떤 시스템이나 서비스를 구현하고 싶은지 간단
하게 구성을 설계하는 것이 좋다.

✔ 논리 구성도와 같은 문서로 만들어 두면 클라우드 이용에 대비할 수 있다.

이용할 데이터센터의 지역

IT 리소스를 어디에 설치할까?

앞 절에서 AWS나 클라우드를 이용할 때 구성에 대해 설명했습니다. 이때 시스템의 본거지를 어디에 둘 것인지 결정해야 했는데, 그림 2-1에서는 도쿄 본사의 전산실로 가정했습니다. 직원인 사용자 대다수가 본사 내에서 시스템에 액세스하고 있고, 다른 시스템과도 연동이 필요해서 도쿄 본사에 설치했습니다.

AWS나 대형 클라우드 서비스를 이용할 때는 **어느 지역에 설치된 IT 리소스를 사용할지** 결정해야 합니다. AWS에서는 이 지역을 **리전**(Region)이라고 부르며 일반적인 클라우드 용어입니다.

AWS에서는 리전 설정에 신경을 쓰지 않으면, 미국 리전이 기본으로 설정되므로 주의가 필요합니다.

그림 2-3과 같은 사례에서는 아시아 태평양의 도쿄 리전이 적절하다고 생각되지만, **클라우드에서는 어느 지역의 IT 자원을 이용할지 의식적으로 명확하게 설정해 둘 필요가 있습니다.** 또 리전에 따라 제공하는 서비스가 다를 수 있으니 확인합시다.

백업을 고려하면 조금 복잡해진다

일반적으로 사용자로부터 가장 가까운 리전을 선택하는 경우가 많지만, 고민스러운 것은 비교적 중요도가 높은 시스템에서의 백업입니다. 재해 복구 등 **대규모 재해가 발생해도 시스템을 계속 사용할 수 있도록** 백업 시스템을 다른 리전에 설치할 수 있습니다(그림 2-4).

2-12 절에서도 설명하지만, 리전에 따라 **클라우드에 저장된 데이터에 관한 법률적인 규제 등의 문제가 있으므로** 리전 선택에 주의할 필요가 있습니다.

그림 2-3 리전에 대해서 생각한다

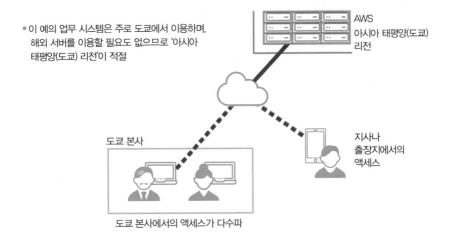

- 이 예의 업무 시스템은 주로 도쿄에서 이용하며, 해외 서버를 이용할 필요도 없으므로 '아시아 태평양(도쿄) 리전'이 적절

AWS
아시아 태평양(도쿄)
리전

도쿄 본사

지사나
출장지에서의
액세스

도쿄 본사에서의 액세스가 다수파

그림 2-4 백업 시스템을 어디에 설치할 것인가?

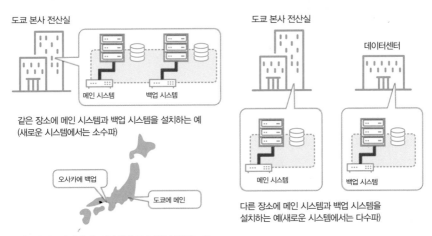

도쿄 본사 전산실

메인 시스템   백업 시스템

같은 장소에 메인 시스템과 백업 시스템을 설치하는 예
(새로운 시스템에서는 소수파)

오사카에 백업

도쿄에 메인

떨어진 장소에 메인 시스템과 백업 시스템을 설치하는 예
(대규모 재해 등을 대비하면 이렇게 된다)

도쿄 본사 전산실

데이터센터

메인 시스템   백업 시스템

다른 장소에 메인 시스템과 백업 시스템을
설치하는 예(새로운 시스템에서는 다수파)

Point

✔ 리전 선정은 AWS나 클라우드를 시작할 때 중요한 포인트
✔ 백업 시스템의 리전은 다양한 관점에서 결정된다.

리전 안에 있는 어느 설비를 이용할 것인가

물리적으로 달라지는 설비

지역을 결정하고 나면, 각각의 지역에 배치된 **가용 영역**(Availability Zone:AZ)을 검토합니다.

AWS의 경우, 일본에는 **도쿄 리전이 있고 그 안에 AZ-A, AZ-C와 같은 논리적인 별도의 데이터센터가 있습니다**. 한국에는 하나의 서울 리전과 4개의 가용 영역이 있습니다.

예를 들어 AWS 일본 서비스에서 동일본 리전, 서일본 리전이 있고 그 안에 도쿄 AZ 나 요코하마 AZ가 있는 것처럼 리전과 가용 영역의 관계는 클라우드 사업자에 따라 다르게 표현될 수 있습니다(그림 2-5).

AZ와 백업 시스템의 관계

AZ는 비교적 대규모 시스템에서 이용할 경우 검토할 과제가 됩니다. 2-1 절에서 예로 든 것처럼 기업 본사가 도쿄이고 거점이 도쿄 주변이라면 도쿄 리전 내 다른 AZ 에 백업을 두는 경우가 많습니다.

만약 도쿄에 본사가 있고 오사카에 최대 지사가 있다면, 백업을 오사카 리전에 배치하는 선택지도 있습니다. 지진이나 호우 등의 재해, 전력이나 통신 서비스(일본의 경우, 전력회사나 NTT는 동서가 다르다) 장애 등을 어디까지 예상할지도 고민해 봐야합니다. 시스템이 중단되는 만큼 매출이 떨어지는 비즈니스도 있으므로, **각 기업에서는 과거의 경험을 근거로 리전이나 AZ를 선택합니다**(그림 2-6). 이와 관련해서 이전부터 재해 복구나 BCP(Business Continuity Plan: 사업 연속성 계획)를 도입해 왔는데, 클라우드를 이용함으로써 기존과 비교해서 더욱 도입하기 쉬워졌습니다.

그림2-5 리전과 AZ의 개념

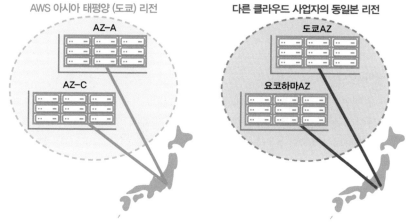

AWS 아시아 태평양 (도쿄) 리전

AZ-A

AZ-C

다른 클라우드 사업자의 동일본 리전

도쿄AZ

요코하마AZ

클라우드 사업자에 따라 리전과 AZ의 의미가 다른 경우가 있다

그림2-6 백업 시스템에 대한 생각에 따라 AZ는 바뀐다

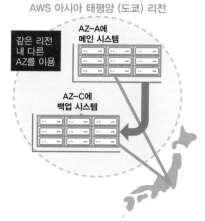

AWS 아시아 태평양 (도쿄) 리전

같은 리전
내 다른
AZ를 이용

AZ-A에
메인 시스템

AZ-C에
백업 시스템

백업 시스템에 대한 생각으로 리전과
AZ 설정이 바뀐다

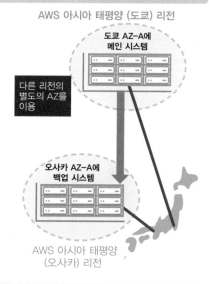

AWS 아시아 태평양 (도쿄) 리전

도쿄 AZ-A에
메인 시스템

다른 리전의
별도의 AZ를
이용

오사카 AZ-A에
백업 시스템

AWS 아시아 태평양
(오사카) 리전

Point

✔ 리전과 AZ는 하나의 리전 아래에 복수의 다른 설비의 AZ가 존재하는 관계
이다.

✔ 백업 시스템에 대한 생각으로 리전과 AZ 선택이 달라진다.

전용 건물

데이터센터란?

앞 절에서 백업 시스템과 AZ의 관계를 설명했습니다. 백업 얘기만 하다 보니 데이터센터 건물이나 설비가 튼튼하지 않은가 하고 생각할 수도 있지만, 실제로는 대형 클라우드 사업자나 AWS의 AZ나 **데이터센터**는 전용 건물이나 설비로 구성되어 있습니다.

주요 건축회사나 정보통신업체로 운영되는 일본 데이터센터협회(JDCC:Japan Data Center Council)의 말을 빌리자면, 데이터센터는 분산되는 IT 기기를 집약하여 설치해 효율적으로 운용하고자 만들어진 전용 시설로 정의되며, 인터넷용 서버나 데이터 통신, 고정·휴대·IP 전화 등의 장비를 설치 및 운용하는 데에 특화된 건물을 가리킵니다(그림 2-7).

데이터센터의 특징

데이터센터는 IT 자원을 운영하기 위한 **전용 건물**인데, 그 밖에도 다음과 같은 특징이 있습니다.

◆ 재해에 강함
◆ 내진 구조·면진 구조·내화 건물 구조
◆ 자가 발전 설비, 낙뢰 대책
◆ **네트워크 및 보안이 충실**
◆ 물리적인 다중 도관
◆ 엄격한 **출입 관리** 및 설비 관리(그림 2-8)

데이터센터의 출입 관리는 일반 기업보다 엄격합니다.

그림 2-7 데이터센터의 개요

데이터센터는 분산되는 IT 기기를 집약하여 설치하고 효율적으로 운용하고자 만들어진 전용 시설로 정의되며,
인터넷용 서버나 데이터 통신, 고정·휴대·IP 전화 등의 장비를 설치·운용하는데 특화된 건물의 총칭

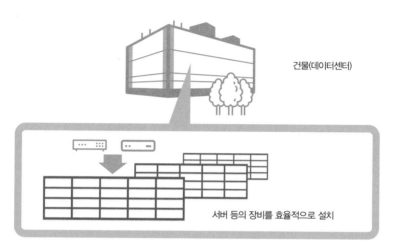

건물(데이터센터)

서버 등의 장비를 효율적으로 설치

그림 2-8 엄격한 출입 관리

데이터센터는 동반 출입 방지 대책이 철저

일반 사무실에서는 IC 카드 출입 통제 설비
등이 있어도 뒤따라 들어가는 "공동 입실"을
막기 어려움 → 즉, 수상한 사람도 입실 가능

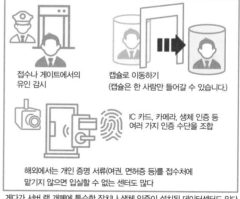

접수나 게이트에서의
유인 감시

캡슐로 이동하기
(캡슐은 한 사람만 들어갈 수 있습니다.)

IC 카드, 카메라, 생체 인증 등
여러 가지 인증 수단을 조합

해외에서는 개인 증명 서류(여권, 면허증 등)를 접수처에
맡기지 않으면 입실할 수 없는 센터도 많다

게다가 서버 랙 개폐에 특수한 장치나 생체 인증이 설치된 데이터센터도 있다

Point
- ✔ 대형 클라우드 사업자의 데이터센터는 전용 건물로 구성되어 있다.
- ✔ 네트워크 성능과 보안 대책도 철저하다.

AWS 이용을 전제로 한 시스템 구성

일러스트에서 AWS 구성도로 //

클라우드를 실제로 이용하기 전에 어떤 시스템 구성으로 할지 가정해야 한다고 앞에서 설명했습니다. 지금까지 설명한 내용은 대형 클라우드 서비스를 이용할 때 전반적으로 공통되는 내용입니다.

여기서는 AWS 이용을 전제로 한 구성을 검토합니다. 1-4나 1-14 절에서 설명했듯이 AWS에는 다양한 서비스와 독자적인 용어가 있습니다. 이러한 서비스에 대한 이해를 전제로 구성하지 않으면 AWS 상에서 서비스를 이용하거나 시스템을 구현하기 어렵습니다.

그림 2-2 오른쪽에 나온 간단한 구성도를 예로 들어 단순히 AWS 클라우드 제품으로 대체해보면 그림 2-9과 같은 **AWS 구성도**가 됩니다.

처음에는 이렇게 대체해서 시작하더라도 전혀 문제가 없습니다. 익숙해지면 처음부터 클라우드 제품명으로 작성할 수 있게 됩니다. 이러한 AWS 구성도는 이후 작업을 위해 매우 중요합니다. 또, 스스로 작성할 수 있게 되면 다른 사람이 작성한 구성도도 쉽게 이해할 수 있습니다.

필요한 클라우드 제품을 망라한다 //

구체적인 클라우드 제품의 서비스 이름으로 구성도를 다시 작성해 보겠습니다. 처음에 그린 시스템 이미지에 Amazon EC2, Amazon EBS, Amazon RDS, Amazon VPC, Amazon Direct Connect 등 주요 클라우드 제품을 넣을 수 있습니다. 간단하게 시스템은 메인 시스템으로 한정해서 퍼즐을 맞추는 것처럼 표현해 보겠습니다 (그림 2-10).

구성도가 있으면 전체적인 구조를 확인하기 쉽습니다. AWS에서는 2-7 절에서 소개하는 것처럼 AWS Well-Architected 프레임워크로 함께 확인할 것을 권장하고 있습니다.

그림 2-9 구성 이미지를 AWS의 클라우드 제품으로 대체해 본 예

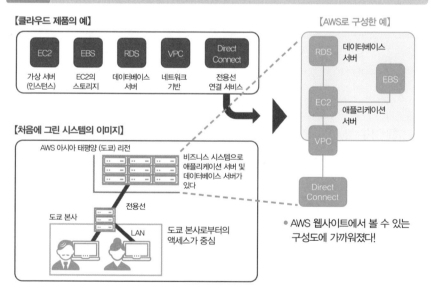

- VPC는 네트워크 기반으로 VPC 상에 시스템을 전개한다
- EC2는 가상 서버로 인스턴스라고 불린다
- EBS는 EC2의 스토리지
- 상기 일러스트에서는 메인과 백업 시스템의 네트워크까지는 기재하지 않았다

그림 2-10 퍼즐을 맞추듯 AWS 구성도를 작성한다

【클라우드 제품의 예】

EC2	EBS	RDS	VPC	Direct Connect
가상 서버 (인스턴스)	EC2의 스토리지	데이터베이스 서버	네트워크 기반	전용선 연결 서비스

【AWS로 구성한 예】

RDS 데이터베이스 서버

EBS

EC2 애플리케이션 서버

VPC

Direct Connect

【처음에 그린 시스템의 이미지】

AWS 아시아 태평양 (도쿄) 리전

비즈니스 시스템으로 애플리케이션 서버 및 데이터베이스 서버가 있다

도쿄 본사

전용선

LAN

도쿄 본사로부터의 액세스가 중심

- AWS 웹사이트에서 볼 수 있는 구성도에 가까워졌다!

Point

✔ 대상 시스템을 AWS 클라우드 제품에 맞춰 구성해 보자.

✔ 일반적인 구성도에서 치환하거나 처음부터 AWS의 클라우드 제품을 가정하여 작성하기도 한다.

처음은 서버 선택부터

가상 서버와 인스턴스

시스템을 물리적 관점에서 생각할 때 가장 중요한 구성 요소로 서버를 꼽을 수 있습니다. 오래된 표현으로는 호스트 컴퓨터 등으로 불리기도 하는데, 서버는 다른 머신에 서비스를 제공하는 핵심적인 역할을 합니다.

AWS의 서버는 가상 서버이며, 각각의 가상 서버를 **인스턴스**(instance, 실행 가능한 상태나 실체)라고도 합니다(그림 2-11).

인스턴스는 가상 서버가 등장한 이후, 서버 인스턴스로 불리기도 했습니다.

클라우드 사업자가 배치하는 물리 서버는 대부분 랙마운트 타입으로, 고객이 증가함에 따라 전용 랙에 탑재하는 방식으로 운영됩니다.

클라우드에서도 시스템의 핵심이 되는 서버의 성능을 예측하는 일은 중요합니다. 온프레미스에서는 장비를 도입해 버리면 나중에 물리적으로 변경하기 어렵지만, 클라우드에서는 간단히 변경할 수 있습니다. 참고로 그림 2-12에 가상 서버의 성능을 추정한 예를 소개합니다.

AWS를 대표하는 서비스 Amazon EC2

Amazon EC2는 AWS를 대표하는 서버 서비스입니다. 소규모 서버부터 대규모 고성능까지 필요에 따라 선택할 수 있습니다. 1-2 절에서 설명한 것처럼 사용자가 직접 서버 유형을 선택하고 절차에 따라 생성합니다.

AWS를 이용할 때는 사실상 서버인 EC2나 스토리지인 S3 생성부터 시작한다고 생각하면 이해하기 쉽습니다.

그림 2-11 가상 서버와 인스턴스

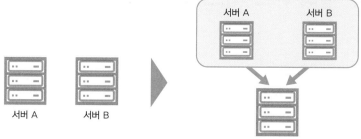

• 가상 서버는 한 대에 여러 서버의 기능을 담을 수 있다.　가상 서버 ≒ 인스턴스
• AWS에서는 가상 서버의 최소 구성을 인스턴스라고 부른다.

그림 2-12 가상 서버의 성능을 예측하는 견적 예시

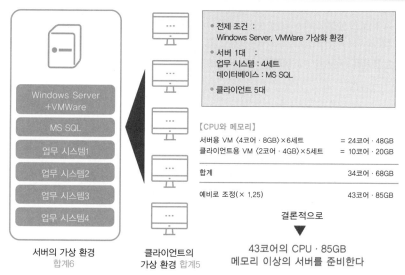

• 전제 조건 :
　Windows Server, VMWare 가상화 환경
• 서버 1대 :
　업무 시스템 : 4세트
　데이터베이스 : MS SQL
• 클라이언트 5대

【CPU와 메모리】

서버용 VM 〈4코어 · 8GB〉×6세트	= 24코어 · 48GB
클라이언트용 VM 〈2코어 · 4GB〉×5세트	= 10코어 · 20GB
합계	34코어 · 68GB
예비로 조정(× 1.25)	43코어 · 85GB

결론적으로
▼
43코어의 CPU · 85GB
메모리 이상의 서버를 준비한다

서버의 가상 환경
합계6

클라이언트의
가상 환경 합계5

• 온프레미스에서는 한 대의 가상 서버로 묶는 구성이 자주 있지만,
　클라우드에서는 세밀하게 가상 서버를 나누어 비용을 절감하도록 한다.

Point

✔ AWS 서버는 가상 서버로 인스턴스라고도 한다.

✔ 클라우드든 온프레미스든 기본은 동일하므로, 가상 서버의 성능을 예측하는
　방법은 알아두자.

현재 클라우드 시스템과 미래

AWS 이용까지 할 일

지금까지 이용을 시작하기 전에 미리 생각해 둬야 하는 것을 정리했습니다.

여기서는 클라우드 상에서 시스템을 가동하는 절차를 정리해 보겠습니다. 간단히 설명하기 위해 소규모 시스템을 예로 들면 다음과 같은 단계가 됩니다(그림 2-13).

- ◆ 이용계획 책정 : 대략 어떻게 이용할지 방침이나 계획을 세웁니다.
- ◆ **구성 설계** : 2-5 절 등을 예로 하는 시스템의 구성 설계입니다.
- ◆ **순서 확인**: 3장과 4장에서 살펴볼 내용인데, IT 자원을 생성하거나 서비스를 시작할 때는 자세한 순서가 있으므로 사전에 확인합니다.
- ◆ **IT 리소스 생성/서비스 이용**: 순서에 따라서 작성이나 설정을 진행시켜 서비스의 이용을 시작합니다.
- ◆ **운영관리** : 시스템이 가동되면 운영관리에 들어갑니다.

쉽게 이해할 수 있도록 애플리케이션 개발 및 구현을 제외한 단계이지만, 3-10 절 이후에서 설명할 절차 확인 등도 중요한 과정입니다.

AWS가 추천하는 모범 사례를 이용한 점검

AWS에서는 기업 시스템으로서 서비스를 이용할 때, **AWS Well-Architected 프레임워크를 활용하여 AWS의 경험에 기반한 기본적이고 중요한 사항들을 점검할 것을 권장합니다**(그림 2-14). 더 자세한 내용은 백서 등을 통해서 확인할 수 있습니다.

AWS가 수많은 고객과 함께 쌓아온 노하우와 모범 사례가 집약되어 있으므로, 기업에서 이용할 때 참고할 것을 추천합니다.

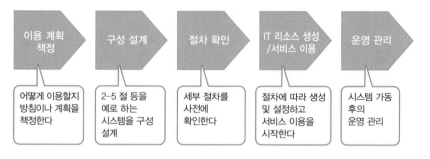

그림 2-13 클라우드에서의 시스템 가동까지의 단계

이용 계획 책정 → 구성 설계 → 절차 확인 → IT 리소스 생성/서비스 이용 → 운영 관리

이용 계획 책정	구성 설계	절차 확인	IT 리소스 생성/서비스 이용	운영 관리
어떻게 이용할지 방침이나 계획을 책정한다	2-5 절 등을 예로 하는 시스템을 구성 설계	세부 절차를 사전에 확인한다	절차에 따라 생성 및 설정하고 서비스 이용을 시작한다	시스템 가동 후의 운영 관리

- 구성 설계나 IT 리소스 생성 등은 클라우드다움이 있지만, 그 밖의 공정도 중요하다.
- 사전 절차 확인은 AWS 뿐만 아니라 어느 클라우드 사업자의 서비스를 이용하든 반드시 한다.
- 상기 단계는 비교적 중립적인 시스템을 이미지화했다.
- 대규모 시스템의 경우 이용 계획을 책정하기 전에 시스템 구상 입안이나 시스템화 계획 등의 단계가 있다.

그림 2-14 AWS Well-Architected 프레임워크 활용

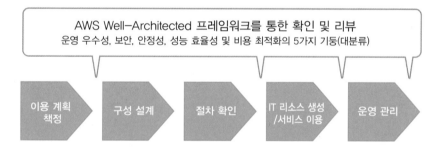

AWS Well-Architected 프레임워크를 통한 확인 및 리뷰
운영 우수성, 보안, 안정성, 성능 효율성 및 비용 최적화의 5가지 기둥(대분류)

이용 계획 책정 → 구성 설계 → 절차 확인 → IT 리소스 생성/서비스 이용 → 운영 관리

- AWS에서는 AWS Well-Architected 프레임워크를 통한 확인을 권장한다.
- 구성 설계 전에 실행하고 이후에도 주기적으로 리뷰 형식 등으로 수행할 것을 권장하고 있고, 계정을 만들면 리뷰용 등을 얻을 수 있다.
- 조금 길지만 'AWS Well-Architected 프레임워크' 등으로 검색해 보자.
- 백서나 AWS의 지금까지의 모범 사례를 정리한 자료도 있다.

Point

✔ 이용 계획을 책정한 후에 준비를 진행한다.

✔ 기업 시스템에서 이용할 때는 AWS Well-Archited 프레임워크를 활용하여 기본적이고 중요한 사항을 점검한다.

클라우드 이용 경향 ①
~ 퍼블릭과 프라이빗 ~

퍼블릭 클라우드와 프라이빗 클라우드

이번 절부터 2-10 절까지 클라우드 이용의 전체적인 경향을 소개하겠습니다.

AWS와 같은 불특정 다수의 기업이나 단체, 개인에게 클라우드 서비스를 제공하는 것을 **퍼블릭 클라우드**라고 합니다.

반면에 자사를 위해 클라우드 서비스를 시작하거나 데이터센터 등에 자사를 위한 클라우드 시스템을 구축하는 것은 **프라이빗 클라우드**라고 합니다(그림 2-15).

프라이빗 클라우드는 퍼블릭을 모방한 **자사 전용 클라우드 서비스**입니다. 초기 투자가 필요하지만, 데이터가 외부로 나가지 않으면서 어떤 서버에서 어떤 서비스를 제공하는지 확인할 수 있다는 안도감이 있습니다.

퍼블릭 클라우드의 성장세

최근 몇 년 동안 클라우드 서비스가 어느 정도 자리를 잡으면서 프라이빗 클라우드가 증가했지만, 최근에는 퍼블릭 클라우드의 이용이 더욱 증가하고 있습니다.

그 이유로는 필요에 따라 이용자가 스스로 이용하는 서비스를 늘리거나 줄일 수 있는 등 **변화에 유연하게 대응**할 수 있기 때문입니다. 프라이빗에서는 자체적으로 IT 자원의 도입과 증감에 신경을 써야 하지만, 퍼블릭은 그럴 필요가 없습니다. 예를 들어, 비즈니스가 전염병 대책의 영향을 받더라도 그러한 외적 요인에 따른 이용 및 비용 조정이 가능합니다. 또한, **최신 기술에 신속하게 대응**할 수 있습니다(그림 2-16).

퍼블릭과 프라이빗 중 하나를 선택한다면 현재는 퍼블릭에 힘이 실리지만, 여러 가지 이유로 2-9 절의 설명처럼 조합해서 이용하는 기업이 많은 것이 현실입니다.

그림 2-15 프라이빗 클라우드의 개요

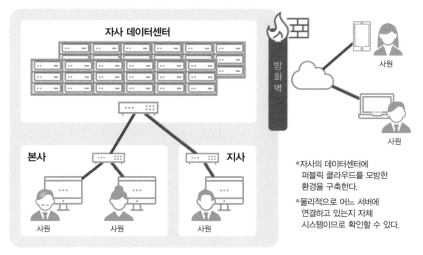

자사 데이터센터

방화벽

본사

지사

사원 사원 사원

사원

사원

● 자사의 데이터센터에
퍼블릭 클라우드를 모방한
환경을 구축한다.

● 물리적으로 어느 서버에
연결하고 있는지 자체
시스템이므로 확인할 수 있다.

그림 2-16 프라이빗 클라우드와 비교한 퍼블릭 클라우드의 장점

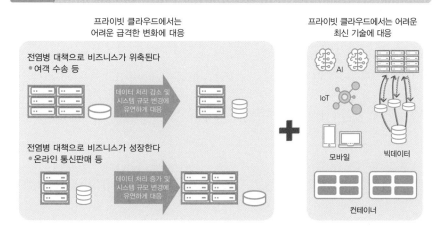

프라이빗 클라우드에서는
어려운 급격한 변화에 대응

프라이빗 클라우드에서는 어려운
최신 기술에 대응

전염병 대책으로 비즈니스가 위축된다
● 여객 수송 등

데이터 처리 감소 및
시스템 규모 변경에
유연하게 대응

전염병 대책으로 비즈니스가 성장한다
● 온라인 통신판매 등

데이터 처리 증가 및
시스템 규모 변경에
유연하게 대응

AI

IoT

모바일

빅데이터

컨테이너

Point

✔ AWS와 같은 퍼블릭 클라우드를 이용하는 방법도 있지만, 자사 전용 프라이
빗 클라우드를 이용할 수도 있다.

✔ 퍼블릭 클라우드의 장점으로는 비즈니스 및 시스템 변화에 대한 대응과 최
신 기술에 대한 신속한 대응을 꼽을 수 있다.

클라우드 이용 경향 ②
~ 하이브리드 ~

하이브리드의 패턴 \\

현재는 일부이지만, 모든 시스템을 AWS 등 퍼블릭 클라우드로 운영하는 기업도 생겨나기 시작했습니다. 어떤 회사들은 퍼블릭 클라우드를 최종 목표로 하는데, 현재 위치에서 목표에 이르는 과정에는 몇 가지 패턴이 있습니다.

요구사항에 맞춰 클라우드와 클라우드 이외의 시스템을 결합하는 것을 **하이브리드**라고 합니다. 실제로는 다음과 같은 패턴이 있습니다.

◆ 온프레미스 + 퍼블릭 클라우드 또는 데이터센터

◆ 온프레미스 + 데이터센터 + 퍼블릭 클라우드

◆ 위에서 프라이빗 클라우드가 추가

◆ 퍼블릭 클라우드 + 프라이빗 클라우드

관계자들이 검토할 때는 그림 2-17처럼 시각적으로 물리적 차이를 알 수 있도록 대략적인 스케치를 그려서 확인하는 것을 추천합니다.

하이브리드에서 주의할 점 \\

클라우드 자체의 도입을 추진하는 기업이나 단체는 대부분 하이브리드 상태입니다. 그 이유는 기존 시스템 중 전환하기 쉬운 것부터 순차적으로 클라우드나 데이터센터를 이용하여 외부로 내보내는 방식이기 때문입니다.

우선은 클라우드로 전환하는 선택지가 떠오르는데, 전용 환경이나 개별적인 요구사항을 고집하지 않는다면 클라우드로 진행할 수 있습니다. 덧붙여, 하이브리드로 할 때 잊지 말아야 할 것이 **각 시스템간의 네트워크와 연계**입니다. 스케치를 그려 수평적 관계도 잊지 않도록 확인합니다(그림 2-18).

그림 2-17 사용자 시점에서 보는 하이브리드

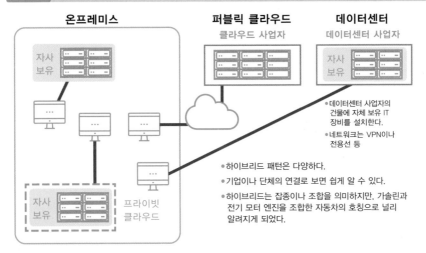

온프레미스

자사
보유

자사
보유

프라이빗
클라우드

퍼블릭 클라우드
클라우드 사업자

데이터센터
데이터센터 사업자

자사
보유

● 데이터센터 사업자의
건물에 자체 보유 IT
장비를 설치한다.
● 네트워크는 VPN이나
전용선 등

● 하이브리드 패턴은 다양하다.
● 기업이나 단체의 연결로 보면 쉽게 알 수 있다.
● 하이브리드는 잡종이나 조합을 의미하지만, 가솔린과
전기 모터 엔진을 조합한 자동차의 호칭으로 널리
알려지게 되었다.

그림 2-18 수평적 연계를 확인한다

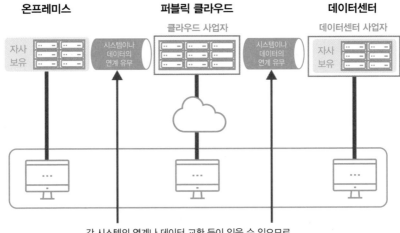

온프레미스

자사
보유

시스템이나
데이터의
연계 유무

퍼블릭 클라우드
클라우드 사업자

시스템이나
데이터의
연계 유무

데이터센터
데이터센터 사업자

자사
보유

각 시스템의 연계나 데이터 교환 등이 있을 수 있으므로
왜 필요한지 어떻게 실현할지 확인한다.

Point

✔ AWS 이용 등을 추진하는 과정에서 하이브리드 형태가 되는 상황은 불가피
하다.

✔ 하이브리드에서는 각 시스템의 수평적 연계에 유의한다.

클라우드 이용 경향 ③
~ 여러 서비스를 이용한다 ~

업무에서의 사용 구분

앞 절에서 기업 시스템 전체의 클라우드화가 진행되면서 클라우드와 비클라우드 시스템을 조합해 이용하는 하이브리드 형태의 기업이 증가하고 있다고 설명했습니다.

실제로는 하이브리드 중에서도 업무나 목적 등에 따라 클라우드 사업자를 구분해 사용하는 기업도 많습니다.

예를 들어 기간 시스템은 AWS를 이용하고, 고객 관리 시스템은 B사의 클라우드 서비스를 이용하고, 회계 시스템은 또 다른 C사를 이용하는 식입니다. 비슷한 업무라도 여러 회사의 서비스를 구분하여 사용하기도 합니다. 이처럼 **여러 클라우드 서비스를 병행하여 이용**하는 것을 **멀티 클라우드**라고 합니다(그림 2-19).

시스템의 계층과 기능에서의 사용 구분

앞 절에서 수평적 연계를 이야기했는데, 상기 업무에서의 활용은 수평적인 측면에 해당합니다. 사실 멀티 클라우드에서는 **수직적 연계**도 있습니다.

비교적 새로운 활용법이지만, 그림 2-20처럼 사용자 관리나 인증에 X사의 서비스를 이용하고, 인증 후 Y사의 서비스와 Z사의 서비스를 이용하는 식의 계층 구조로 사용하는 것을 예로 들 수 있습니다.

온프레미스로 말하면 SSO 서버를 통해서 업무 시스템에 로그인하는 것과 같습니다.

이 밖에도 다양한 활용법이 있는데, 여러 계층으로 구분하여 사용하는 것은 시스템으로서는 복잡하지만, 보안 대책이나 네트워크 효율화 측면에서 주목받고 있습니다.

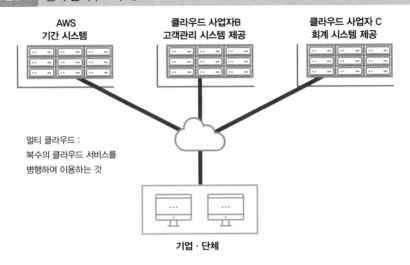

그림 2-19 멀티 클라우드의 개요

AWS
기간 시스템

클라우드 사업자B
고객관리 시스템 제공

클라우드 사업자 C
회계 시스템 제공

멀티 클라우드 :
복수의 클라우드 서비스를
병행하여 이용하는 것

기업 · 단체

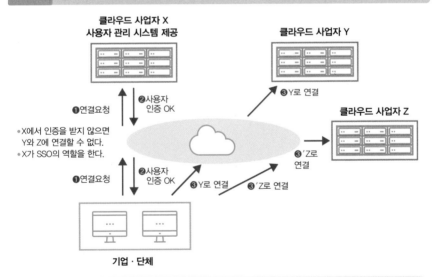

그림 2-20 멀티 클라우드의 계층 구조에서의 이용

클라우드 사업자 X
사용자 관리 시스템 제공

클라우드 사업자 Y

❷사용자
인증 OK

❶연결요청

❸Y로 연결

클라우드 사업자 Z

• X에서 인증을 받지 않으면
Y와 Z에 연결할 수 없다.
• X가 SSO의 역할을 한다.

❷사용자
인증 OK

❸´Z로
연결

❶연결요청

❸Y로 연결   ❸´Z로 연결

기업 · 단체

Point

✔ 여러 회사의 클라우드 서비스를 사용하는 것을 멀티 클라우드라고 한다.

✔ 멀티 클라우드는 수평적 측면뿐만 아니라 계층 구조인 수직적 이용 형태도
있다.

클라우드 이용 시 주의할 점 ①
~ 보이는 부분 ~

장애 대책

시스템을 운영할 때 2-2부터 2-4 절에서 설명한 바와 같이 장소나 설비의 문제를 우선 생각할 수 있지만, 다음 단계로서 그 위에 존재하는 IT 장비나 시스템 등의 리소스가 정상적으로 동작해서 비즈니스나 업무를 지속할 수 있는지가 중요합니다.

큰 관점에서는 2-2나 2-3 절에서 설명한 것처럼, 시스템의 메인 리전을 도쿄로 했을 때 **재해 복구**를 위해서 오사카 리전이나 해외 리전에 백업을 준비한다거나 복수의 AZ를 활용하는 등의 대책을 들 수 있습니다.

작은 관점에서는 개개의 IT 장비나 서비스의 장애의 발생과 복구, 설정 실수나 자동 스케일링이 되지 않는 등 인위적인 문제에 대한 대책이 있습니다.

AWS에서는 위와 같은 큰 관점과 작은 관점을 포함하여 **무슨 일이 생겼을 때 어떻게 대응할지**, 장애가 발생할 것을 전제로 설계하는 것을 Design for Failure라고 부릅니다. 클라우드 서비스 자체는 눈에 보이지 않는 곳에서 작동하지만, **보이는 것 혹은 예상할 수 있는 것으로 생각하고 설계 시 유의해야 할 사항**입니다(그림 2-21).

운영 측면에서 검토할 것

만일의 사태에 대한 대비와 함께 서비스나 시스템을 어떻게 관리할지 검토합니다.

예를 들면, ❶ CloudWatch를 이용한 감시(9-6 절 참조), ❷ 리포트에 의한 보고, ❸ 24시간 유인 감시, ❹ 자격 보유자에 의한 컨설팅, ❺ 운영 요원 특정 등이 있습니다. AWS에서는 ❶이 기본이고 나머지는 파트너사에 의한 제공이 주체입니다(그림 2-22).

그림 2-21 리전으로 시작되는 데이터 센터 검토

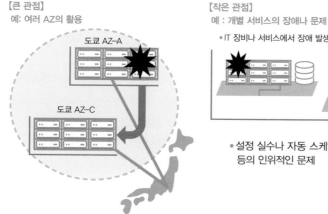

【큰 관점】
예: 여러 AZ의 활용

도쿄 AZ-A

도쿄 AZ-C

【작은 관점】
예 : 개별 서비스의 장애나 문제

• IT 장비나 서비스에서 장애 발생

• 설정 실수나 자동 스케일링되지 않는
  등의 인위적인 문제

• Design for Failure는 큰 관점과 작은 관점을 포함하여 무슨 일이 생겼을 때 어떻게 대응할지
  장애가 발생한다는 것을 전제로 설계하는 것

• 2-7 절에서 설명한 Well-Architected 프레임워크에도 Design for Failure의 아이디어가 담겨 있다.

그림 2-22 운영 측면에서 검토할 것

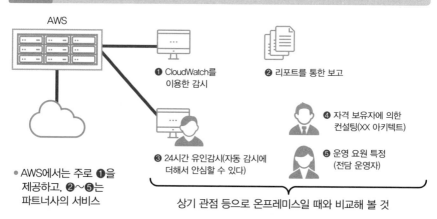

AWS

❶ CloudWatch를
  이용한 감시

❷ 리포트를 통한 보고

❹ 자격 보유자에 의한
  컨설팅(XX 아키텍트)

❺ 운영 요원 특정
  (전담 운영자)

❸ 24시간 유인감시(자동 감시에
  더해서 안심할 수 있다)

• AWS에서는 주로 ❶을
  제공하고, ❷~❺는
  파트너사의 서비스

상기 관점 등으로 온프레미스일 때와 비교해 볼 것

Point

✔ 무슨 일이 있을 때 어떻게 대응할 것인지 설계할 때 주의한다.

✔ IT 장비와 시스템을 어떻게 관리하는지에 대한 관점에서도 반드시 검토한다.

클라우드 이용 시 주의할 점 ②
~ 보이지 않는 부분 ~

서비스 수준

클라우드 서비스에서는 데이터센터의 서비스와 마찬가지로 서비스 수준이 보장되는
경우가 많습니다. 통칭 **SLA**(Service Level Agreement:서비스 수준 계약)로 불리
는데, 예를 들면 이용하는 가상 서버나 스토리지가 **99.99%**(포나인)의 **가용성**을 보장
하는 등의 내용입니다(그림 2-23). 아울러, 만약의 사태가 발생했을 때 어떤 지원을
받을 수 있는지도 확인합니다.

이 기준치로 얼마나 안정적으로 서비스를 제공할 수 있는지 가늠해 볼 수 있습니다.
AWS의 경우 99.95%나 99.99% 등이 많은데, 만일 정지되더라도 1년에 몇 시간 정
도입니다.

SLA와 함께 확인해야 할 것은 책임 범위와 분리 대응입니다.

예를 들어, 가동 시간에 비례해 상품이 팔리는 인터넷 쇼핑몰 시스템 등은 시스템이
정지하면 그만큼 매출이 줄어들지만 손실 이익을 보상받을 수 없습니다. 이는 비단
AWS뿐만 아니라 모든 클라우드 사업자가 동일하게 대응합니다. 책임 범위와 관련
된 AWS의 공동 책임 모델에 관해서는 9-1 절에서 설명합니다.

데이터를 구성하는 정보

사용자는 시스템 내에서 각종 정보를 다루게 되는데, 우선은 **중요성이나 기밀성 관
점에서 직접 확인이 필요**합니다.

보안이 뛰어난 시스템이라도 사람이 관여하므로 사고 가능성이 제로라고 말할 수 없
습니다. 또, 해외 리전이나 AZ를 이용할 때는 **각국의 법률**에 따라 유사시에 어쩔 수
없이 데이터를 제공해야 하는 경우도 있습니다. 데이터를 보호하기 위해선 정밀한
조사와 법률적 관점에서의 확인도 필요합니다(그림 2-24). AWS 등에서 해외 리전
을 이용할 경우에는 국가별 법률을 확인하고 진행하세요.

그림 2-23 서비스 수준을 나타내는 가동률 (정지허용시간)

24시간 × 365일 = 8,760시간
8,760시간 × 0.99 = 8,672시간 〈정지 허용 시간은 88시간(약 3일과 반나절)〉
8,760시간 × 0.999 = 8,751시간 〈정지 허용 시간은 약 9시간〉
99.99%인 0.9999(포나인)라면 정지 허용 시간은 1시간 미만

- 시스템 가용성을 나타내는 지표로 가동률(정지 허용 시간)이 있다.
- 99.99%라도 정지할 가능성은 0이 아니다.

- 그 외에 참고로서 복구 시간을 나타내는 지표로 MTTR(평균 복구 시간)이 있다.
- 클라우드 서비스로 공개되진 않지만, 각 사업자는 자체적인 기준을 가지고 운영한다.

$$\frac{\text{MTTR}}{\text{(평균복구시간)}} = \frac{\text{복구시간합계}}{\text{복구 횟수}}$$

그림 2-34 클라우드에 관련 규제 법령(미국의 예)

클라우드 관련 규제법
국가안보 등과 관련된 사안이 발생했을 때 국가가
기업에게 데이터 제출을 강제하는 등의 법률

	법 률
(예) 미국	• 미국 자유법 (USA Freedom Act) • 미국 CLOUD법 (Clarifying Lawful Overseas Use of Data Act)

- 미국에 저장된 데이터 등에 대해서도 유사시에 열람이 합법적으로 이루어질 가능성이 있다.
- 정부 기관이 열람을 위해 서버 자체를 압류할 수 있다.
- 국가에 따라서는 역외 적용이 인정되고 있어, 타 국가 리전의 AZ라도 모회사가 속한 국가 기관이 데이터 센터를 압수할 수도 있다.

Point
✔ AWS 서비스는 높은 가용성을 자랑한다.
✔ 클라우드 서비스 안에서 움직이는 데이터의 중요성에 대해서 반드시 확인하고, 이용하고 싶은 리전에 대해서도 검토한다.

생략된 명칭과 정식 명칭의 문제

AWS를 비롯한 클라우드 서비스에서는 독특한 클라우드 용어를 사용하는 경우가 있습니다. 대부분 정식 명칭이 길기 때문에, 줄여서 부르는 것이 관례가 되었습니다.

지금까지만 해도 본문과 도표 일부에 약칭으로 된 용어가 등장했습니다. 얼마나 이해하고 있는지 테스트해보겠습니다. 아래 표 왼쪽에 있는 약칭의 정식 명칭을 써보세요.

클라우드 용어의 예

생략 명칭	정식 명칭
AWS	
IAM	
VPC	

물론 현시점에서는 생략 명칭에 익숙해지는 것이 중요하므로, 정식 명칭이나 의미에 대한 이해는 지금부터 하더라도 전혀 문제없습니다.

정답 예

첫 번째 AWS는 Amazon Web Services입니다. 대부분 정답을 맞혔을 것입니다. IAM은 1-8 절에서 설명했듯이 Identity and Access Management의 줄임말입니다. 마지막 VPC는 Virtual Private Cloud입니다.

사실 IAM과 VPC는 GCP(Google Cloud Platform)에서도 사용되므로 기억해 두는 것이 좋습니다.

AWS에서 'EC2'라고 부르는 서비스는 GCP에서 'Google Compute Engine(GCE)'에 해당합니다. 요컨대 일부를 제외하고는 각 회사가 원하는 대로 서비스명을 붙이고 있습니다.

AWS

Chapter 3

Amazon EC2를 사용한다

클라우드 가상 서버를 사용하기 위해서

대표적인 서버 서비스

간단하게 서버를 구축할 수 있다 /////////////////////////////////////

지금까지도 가끔 등장했지만, AWS의 컴퓨팅인 가상 서버 서비스로서 **Amazon EC2**(Amazon Elastic Compute Cloud)가 있습니다. EC2는 사용자가 필요로 하는 성능 등에 따라 소규모·저성능에서부터 대규모·고성능에 이르는 다양한 서버 목록에서 적절한 유형을 선택할 수 있습니다.

기본적으로는 온프레미스와 동일합니다. 예를 들어, OS는 Linux, Windows Server 중 어느 것이 번들로 제공되는지, 필요한 CPU 수량이나 성능, 메모리 용량 등을 파악하고 어떤 유형의 머신으로 선택할지 결정해서 준비해 갑니다. EC2에서는 정해진 절차를 따라 진행하여 인스턴스를 생성할 수 있습니다(그림 3-1).

기업이나 단체에서 이용한다면, 2-6 절이나 2-7 절에서 설명한 가상 서버의 성능 견적이나 계획을 바탕으로 진행합니다.

클라우드 서버의 편리성 ///

Amazon EC2뿐만 아니라 클라우드 서버 서비스에서 좋은 점은 오류가 발견된 시점에서 즉시 서버 자체를 삭제하고 다시 생성하거나 추가, 변경 등을 간단히 할 수 있다는 것입니다. 온프레미스의 경우에는 물리적으로 준비하고 납품을 기다리는 등의 시간차가 생깁니다. 또, 가동 후 장비 유지보수 등에 신경 쓸 필요도 없습니다(그림 3-2).

따라서, 기업이든 개인이든 **일단 EC2나 클라우드 서버를 한 번 써 보면 더는 온프레미스로 되돌아갈 수 없게 되는 것이 현실입니다.**

또 나중에 살펴보겠지만, Amazon EC2에서도 익숙해지면 서버 생성이나 삭제가 용이합니다.

그림 3-1 시스템화 검토와 서버의 관계

❶ AMI 선택 ➤ ❷ 인스턴스 유형 선택 ➤ ❸ 인스턴스 유형 설정 ➤ ❹ 스토리지 추가 ......

❶ AMI 선택 ⋯⋯ 요구 사항에 따라 대략적으로 '이런 머신으로 하자'라고 선택한다

❷ 인스턴스 유형 선택 ⋯⋯ 다양한 스케일과 성능의 머신 중에서 선택한다

❸ 인스턴스 유형 설정 ⋯⋯ 네트워크와 보안 설정을 한다

❹ 스토리지 추가 ⋯⋯ 스토리지를 추가한다

- 위와 같이 단계별로 나누어져 있으므로, 차례로 진행해 가면 인스턴스를 생성할 수 있다.
- 2022년 4월 기준으로 7단계로 구성되어 있다.
- 후반부에는 보안 그룹으로 불리는 방화벽 고급 설정 등이 있다(9-4 절 참조).

그림 3-2 클라우드 서버의 편리성

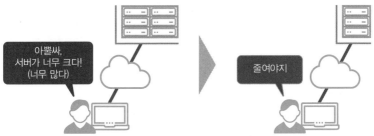

아뿔싸, 서버가 너무 크다! (너무 많다)

줄여야지

- 생성한 서버가 너무 크거나 너무 많아도 바로 수정할 수 있다.

장비 보수 작업이 필요없다!

고장인가? 부품을 주문해야지

- 장비 앞에 가서 확인하거나 부품을 준비할 필요도 없어진다.

Point

✔ AWS의 가상 서버 서비스로는 Amazon EC2가 있으며, 절차에 따라 서버를 생성할 수 있다.

✔ 일단 클라우드 서버의 서비스를 이용하게 되면, 그 편리함 때문에 온프레미스로 돌아갈 수 없게 된다.

Chapter **3**

Amazon EC2를 사용한다!

서버 유형

서버의 종류

Amazon EC2는 다양한 종류의 가상 서버를 갖추고 있습니다. AWS에서는 이를 **인스턴스 유형**이라고 부릅니다. 인스턴스 유형은 각각 서버이므로 CPU, 메모리, 스토리지 등으로 구성됩니다. 인스턴스 유형의 상위 개념은 **인스턴스 패밀리**입니다. **사용 사례별로** 그림 3-3과 같이 범용, 컴퓨팅 최적화, 메모리 최적화, 스토리지 최적화, 가속화된 컴퓨팅으로 정리되어 있습니다.

일반적인 업무 시스템이라면 범용 중에서 최적의 인스턴스를 선택하면 됩니다.

인스턴스 유형은 세밀하게 나누어져 있다

각각의 인스턴스 유형은 다시 세대나 크기 등으로 세밀하게 나뉘어 있습니다.

예를 들어, 프리 티어 중 "t2.micro"에는 다음과 같은 의미가 있습니다(그림 3-4).

- ◆ 인스턴스 패밀리 : t계열 인스턴스
- ◆ 세대 : 2세대
- ◆ 크기 : micro는 nano라는 가장 낮은 성능보다는 위, micro 다음은 small이다

마찬가지로 범용 t3 패밀리와 M 패밀리 등은 다양한 상황에서 이용됩니다. 실제로 인스턴스 유형은 종류가 상당히 많습니다.

그림 3-3 인스턴스 패밀리의 개요

인스턴스 패밀리	개요
범용	CPU, 메모리, 스토리지가 균형 잡힌 일반적인 인스턴스
컴퓨팅 최적화	CPU가 많고, 성능이 높고 빠르며 대규모 연산처리에 적합하다
메모리 최적화	메모리를 많이 이용할 수 있어 데이터베이스에 적합하다
스토리지 최적화	스토리지 활용이 중요한 처리에 적합하다
가속화된 컴퓨팅	최신 GPU를 이용한 그래픽 처리나 빅데이터 분석에 적합하다

※ 2022년 4월 기준, 가속화된 컴퓨팅은 앞으로 더욱 증가할 가능성이 높다.

그림 3-4 인스턴스 유형, 세대, 크기의 개념

- 인스턴스 유형 중에서 무료인 t2.micro나 t3 패밀리, M 패밀리 등이 유명하다.
- t2.micro 이외에도 많은데, t3.large, z1d.large 등으로 표기되어 있다.

- AWS에서는 새로운 세대의 유형 이용을 권장한다.
- 크기는 nano, micro, small, medium, large, xlarge 등이 있다.

Point
- ✔ Amazon EC2는 사용 사례에 따른 인스턴스 제품군을 제공한다.
- ✔ 인스턴스 유형은 세대나 크기 등에 따라 세분화되어 있다.

유연한 변경

시스템에 맞춘 유연한 변경 //

AWS나 클라우드에서 IT 자원을 유연하게 변경할 수 있다는 점은 3-1 절에서도 언급했습니다. 시스템이나 애플리케이션의 가동 상황에 맞추어 **가상 서버의 성능이나 대수를 변경해 나가는 것을 스케일링**이라고 합니다. 스케일링에는 크게 2가지 종류가 있습니다(그림 3-5).

- ◆ 스케일업과 스케일다운

  인스턴스의 CPU 코어 수나 메모리 용량 등의 사양을 높이는 스케일업, 반대로 낮추는 것을 스케일다운이라고 합니다.

- ◆ 스케일아웃과 스케일인

  인스턴스 수를 늘리는 것을 스케일아웃, 줄이는 것을 스케일인이라고 합니다.

관리자가 인스턴스의 가동 상황을 확인하면서 위의 내용을 수동으로 구현하기도 하고 설정에 따라 자동으로 스케일아웃, 스케일인이 이루어지기도 합니다.

자동 스케일링과 지원하는 서비스 //////////////////////////////////////

시스템 규모가 커지면 사용자의 시각적 판단이나 변경 타이밍도 어려워지므로, AWS는 자동으로 스케일링할 수 있는 서비스를 제공합니다.

Amazon EC2 Auto Scaling이라는 서비스를 설정해 두면, 인스턴스의 로드 상태에 따라 **자동으로 스케일아웃 및 스케일인을 수행할 수 있습니다**. 또한, AWS Compute Optimizer를 사용하면 최적의 인스턴스 유형을 조언받을 수 있습니다(그림 3-6).

스케일링의 개요

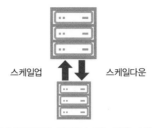

스케일업　　　스케일다운

- CPU 코어 수나 메모리 용량 등의 사양을 높이는 것을 스케일업, 반대로 낮추는 것을 스케일다운이라고 한다.

스케일아웃

스케일인

- 인스턴스 수를 늘리는 것을 스케일아웃, 반대로 줄이는 것을 스케일인이라고 한다.

AWS가 제공하는 스케일링 서비스

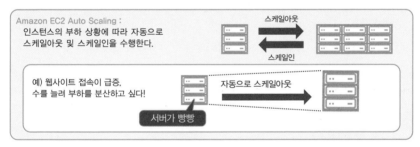

Amazon EC2 Auto Scaling :
인스턴스의 부하 상황에 따라 자동으로
스케일아웃 및 스케일인을 수행한다.

스케일아웃

스케일인

예) 웹사이트 접속이 급증.
수를 늘려 부하를 분산하고 싶다!

서버가 빵빵

자동으로 스케일아웃

AWS Compute Optimizer :
최적의 인스턴스 유형의
조언을 받을 수 있다.

M을 추천

예) 최적의 인스턴스 유형을
콘솔에 표시!

스케일업　　　스케일다운

Point

✔ 가상 서버 성능이나 대수를 변경하는 스케일링에는 스케일업과 스케일다운, 스케일아웃과 스케일인이 있다.

✔ AWS에는 자동 스케일링을 지원하는 서비스가 있다.

서버의 OS

일반적인 서버 OS //

Amazon EC2에는 다양한 인스턴스 유형이 있다는 것을 알려드렸습니다. 서버 OS는 인스턴스 유형과 함께 종류가 다양합니다.

EC2의 서버 OS 설명에 앞서 일반적으로 서버 OS라고 하면 크게 다음 4가지가 있습니다.

- ◆ Linux : OSS의 대표적인 존재. 배포판에 따라 차이가 있다
- ◆ Windows Server : 마이크로소프트의 서버용 OS
- ◆ **UNIX 계열** : Linux의 기반이 된 OS, 서버 제조사가 제공
- ◆ **기타** : 메인프레임 및 슈퍼컴퓨터 전용, macOS, AI 전용 등

기업에서의 점유율은 아직 온프레미스도 많기 때문에 Windows Server가 50% 전후, 이어서 Linux, UNIX 계열이 각각 20% 전후로 되어 있지만, Linux의 점유율이 증가하고 있습니다. 그림 3-7에 각 서버 OS의 역사를 포함하여 정리했습니다.

Amazon EC2에서 이용할 수 있는 OS //

Amazon EC2는 위에서 소개한 Linux, Windows Server, macOS, Deep Learning 전용 OS 등을 제공합니다.

구체적으로 자세하게 정리하면 그림 3-8처럼 되지만, 트렌드에 따라 증가하고 있습니다.

이러한 서버 OS는 선택에 실수하지 않도록 3-6 절에서 설명하는 AMI에서도 가장 눈에 띄는 장소에 표시됩니다.

그림 3-7 서버 OS의 개요

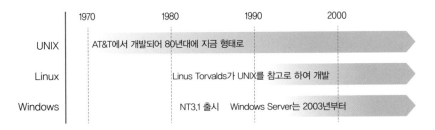

- 서버용 OS는 많은 고객의 동시 접속에 대응할 수 있는 성능을 갖추고 있다.
- Linux는 역사적 배경에서 UNIX 계열과 친화력이 높다.
- UNIX 계열은 과거의 소프트웨어 자산의 활용이나 장기간의 연속 운영에 대응하는 서버 OS로서 현재도 뿌리 깊은 지지가 있지만, 일반적인 용도에서는 동등한 기능을 가진 Linux 이용이 증가하고 있다.

그림 3-8 Amazon EC2에서 이용할 수 있는 주요 서버 OS

Linux

> Amazon Linux, Amazon Linux2, CentOS,
> Debian, Kali, Red Hat, SUSE, Ubuntu 등

Windows

> Microsoft Windows Server
> (2012, 2012 R2, 2016, 2019, 2022)

기타

> macOS, Deep Learning 전용 등

- Linux와 Windows를 중심으로 충실하다.
- Windows Server 2008 및 2008 R2는 2020년 1월에 지원을 종료했다.
- macOS 지원은 EC2의 특징이기도 하다.

Point
- ✔ 일반적으로 서버 OS는 Linux, Windows Server, UNIX 계열과 기타 전용 OS 등이 있다.
- ✔ Amazon EC2에서는 Linux, Windows Server, MacOS, Deep Learning 전용 등의 OS를 이용할 수 있다.

관리자가 이용하는 화면

모든 것이 집결된 화면

지금까지 Amazon EC2의 개요에 관해 살펴봤습니다. 실제로 EC2에서 인스턴스를 생성하는 등 실제로 AWS의 서비스를 이용하려면 1-7 절에서 설명한 계정 생성과 1-8 절에서 설명한 IAM 사용자 생성 등의 단계를 거쳐 원하는 서비스를 설정해야 합니다.

각종 서비스는 **AWS 관리 콘솔**(AWS Management Console)에서 설정합니다. 설정뿐만 아니라 이후에도 **계정의 모든 클라우드 서비스를 한곳에 모아서 관리할 수 있습니다.**

콘솔이란 단어가 생소하게 느껴질 수 있는데, 시스템 관리자가 조작하는 단말을 뜻합니다. 현재도 메인프레임이나 대형 서버 등에 연결된 관리자용 단말(PC)을 가리키는 용어로 사용됩니다.

AWS 관리 콘솔은 처음 이용할 때는 아직 아무런 서비스도 설정되어 있지 않아 단순한 화면이지만, 서비스를 추가할수록 조금씩 바뀌어갑니다(그림 3-9).

로그인하면 AWS 관리 콘솔이 표시되므로 관리자 입장에서는 이용할 때 가장 많이 보게 되는 화면입니다.

각 서비스를 찾아가려면

처음 서비스를 이용할 때 가상 서버인 Amazon EC2에서 인스턴스를 생성할 경우, 메뉴나 콘솔 어딘가에서 EC2라는 글자를 찾지 못하겠으면(표시되어 있어도 익숙하지 않으면 발견하지 못할 수 있다), 검색창에 'EC2'를 입력합니다. 그러면 EC2 관련 링크가 표시됩니다. 이는 4-1 절에서 설명할 Amazon S3 등의 서비스도 마찬가지입니다(그림 3-10).

로그인 횟수를 거듭할수록 콘솔에 익숙해질 것입니다. 처음에는 다 그런 거라고 생각하고 친해져보세요.

그림 3-9 AWS 관리 콘솔 화면

서비스 설정(신청)을 하는 프로세스

• 상단은 1-7, 1-8, 3-10, 3-11 절에서, 하단은 3-12 절 이후에서 설명한다.

• AWS 관리 콘솔 화면의 일부이다.

• 루트 사용자 또는 IAM 사용자로 로그인하면 표시되는 화면. 이곳에서 왼쪽 흐름도의 IAM이나 EC2 등 개별 서비스별 전용 콘솔로 이동한다.

• 화면은 단순하고 특히 처음에는 이용하는 서비스도 적어서 깔끔하다.

그림 3-10 필요한 서비스를 찾는 방법

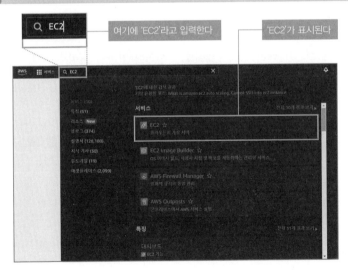

Point

✔ AWS 관리 콘솔은 AWS의 모든 서비스를 관리하는 화면이다.

✔ 콘솔은 자주 로그인하면서 익숙해지도록 하자.

인스턴스 이미지

서버 생성은 AMI 선택부터

Amazon EC2에서는 서버를 처음 생성하거나 추가할 때 사용하는 **AMI**(Amazon Machine Image)라는 템플릿이 있는데, 인스턴스에 서버 OS가 설정된 상태로 제공됩니다. **서버를 생성할 때 첫 번째 단계로 AMI를 선택합니다.**

AMI에는 서버 OS가 무엇이며 대략 어떤 서버인지 명시되어 있으므로, 사용자는 처음에 요구사항에 가까운 AMI를 선택하고, 이어서 인스턴스 유형을 선택하는 순서로 서버를 생성합니다(그림 3-11).

신규로 서버(EC2)를 생성할 때는 미리 준비된 AMI를 선택하지만, 서버를 증설할 때 AMI를 활용하는 방법도 있습니다.

템플릿으로서의 AMI와 편리성

AMI는 인스턴스가 어떤 소프트웨어로 구성되어 있는지 보여주는 템플릿이기도 하며, 인스턴스를 시작할 때도 이용할 수 있습니다.

예를 들어, 서버 OS는 Linux이고 Apache가 설치되어 있고 설정이 완료되어 있다는 등의 정보를 기록할 수 있습니다. 따라서 복제하여 같은 서버를 만들고 싶을 때 유용합니다. 처음 한대에는 OS 이외에도 필요한 소프트웨어를 순차적으로 설치해야 하지만, 두 번째부터는 AMI를 이용해서 이미 만들어 둔 인스턴스에서 복제할 수 있습니다(그림 3-12). AMI를 사용자가 직접 작성할 경우에는 인스턴스를 만든 후 이미지 생성으로 진행합니다.

그림 3-11   서버 생성은 AMI 선택부터

- AMI 선택 화면의 일부이다.
- 각 인스턴스의 개요가 여러 페이지에 걸쳐 표시된다.
- 고유 OS 버전을 선택하려면 AWS CLI에서 AMI 목록을 표시하고 CLI에서 EC2를 생성해야 한다.

그림 3-12   AMI의 편리성

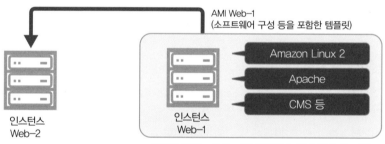

- 인스턴스 Web-2를 인스턴스 Web-1과 동일한 환경으로 만들고 싶을 때, AMI Web-1을 이용하면 복제해서 만들어 준다.

- 처음에 보이는 AMI는 OS 뿐이지만, 환경 구축 후 자체 AMI(예: AMI Web-1)를 만들어 두면, 같은 서버를 배포해야 할 때 사용할 수 있다. 특히 설치 소프트웨어가 많거나 설정 작업이 어려울 때 효과적이다.
- 커뮤니티 등에서 만든 AMI를 이용할 수도 있고, 전용 마켓플레이스도 있다.
- AMI는 편리하지만 유료인 경우도 있으므로 무료로 이용하고 싶은 사람은 주의해야 한다.

Point

✔ 서버 생성은 AMI 선택에서 시작한다.

✔ AMI는 인스턴스가 어떤 소프트웨어로 구성되어 있는지 나타내는 템플릿으로, 잘 사용하면 편리하다.

서버 전용 스토리지

EC2와 조합해서 이용하는 스토리지

Amazon EC2와 함께 이용하는 스토리지로는 Amazon EBS(Amazon Elastic Block Store)가 있습니다. EBS에 OS나 데이터 등이 저장되므로 EC2를 생성할 때 반드시 EBS를 이용하게 됩니다.

클라우드 서비스이므로 PC처럼 케이스 내부에서 직접 연결되는 게 아니라 네트워크로 연결됩니다. EBS는 이름 그대로 블록 스토리지입니다. 스토리지 기술에 관해서는 5-10 절에서 다시 한번 정리하겠습니다.

네트워크로 연결되기 때문에 구성의 자유도가 높아 EBS 볼륨이라는 표현을 쓰는데, 시스템 요구사항에 따라서는 EC2에 대해 1:1 뿐만 아니라 1:n처럼 복수로 구성할 수도 있습니다(그림 3-13).

EBS는 기본적으로 한 볼륨당 최대 용량이 16TB까지이지만, 고성능으로 프로비저닝된 경우 64TB에 달하는 대용량 스토리지입니다.

EBS의 볼륨 유형

EBS에서는 SSD(Solid State Drive)와 HDD(Hard Disk Drive)를 볼륨 유형으로 선택할 수 있습니다. 이때 물리적 특성이나 사용 사례에 맞게 선택해야 합니다. 예를 들어, 입출력이 많은 처리에서는 SSD가 적합하고, 입출력보다 오히려 데이터를 축적하고 계산하는 빅데이터와 같은 처리에서는 HDD가 적합합니다(그림 3-14).

EBS를 처음 접할 수 있는 기회는 EC2 인스턴스를 생성할 때입니다. 인스턴스 생성 단계 중간에 EBS 선택 화면이 표시되는데, 주의해서 보지 않으면 단일 EBS 볼륨이 되고, 그림 3-13의 상단처럼 EC2와 1:1의 관계가 됩니다.

그림 3-13 EC2와 EBS 볼륨의 관계

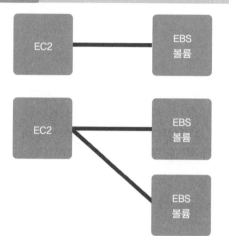

- EC2 인스턴스를 생성할 때 특별히 신경 쓰지 않으면 1:1 구성이 된다.
- 볼륨당 EBS의 최대 용량은 16TB로 상당히 크다.

- 시스템 요건에 따라 1:n으로 구성할 수도 있다

그림 3-14 SSD와 HDD의 특징

	SSD(솔리드 스테이트 드라이브)	HDD(하드디스크 드라이브)
외관 이미지		
물리적인 특성	플래시 메모리에 기록	마그네틱 디스크에 자기 헤드로 데이터를 기록
전송속도	빠름	보통
비용	약간 비쌈	보통
사용 사례	입출력이 많은 시스템	축적된 데이터를 처리

- EBS의 다수는 SSD이며, 기본적으로 SSD가 표시된다.

Point

✔ EC2와 함께 사용하는 스토리지로 Amazon EBS가 있다.

✔ 인스턴스 생성 단계 중간에 EBS 선택 화면이 표시되므로 미리 생각해 둔다.

서버 생성 사례 연구

웹 서버 소프트웨어 구성 //

지금까지 Amazon EC2의 개요에 관해 설명했습니다. 이제부터는 서버를 생성하는 예를 살펴보겠습니다. 실제로 어떤 단계로 진행되는지 단계별로 따라가는 것이 이해하기 쉽기 때문입니다.

이 책에서 다룰 사례는 가장 기본적인 서버 중 하나인 **웹 서버**입니다. **웹 서버는 우리가 일상적으로 접하는 웹사이트 등을 제공하는 서버입니다.**

다음은 웹 서버를 구성하는 최소한의 소프트웨어입니다(그림 3-15).

- ◆ **서버 OS** : Linux
- ◆ **웹 서버 기능** : Apache나 Nginx 등
- ◆ **웹페이지의 원본 파일** : html 등 웹페이지를 구성하는 파일들

물론, 이 외에도 이미지 파일이나 웹 앱이라면 데이터베이스나 애플리케이션이 추가됩니다.

웹 서버를 만드는 순서 //

필요한 소프트웨어 구성을 확인했으면 설치 및 설정 단계로 넘어갑니다. 웹 서버의 최소 구성 예라면 OS 업데이트, 웹 서버 기능 설치, 네트워크 설정, 보안 설정, 콘텐츠 파일 업로드 등을 들 수 있습니다(그림 3-16).

책상에서는 이렇게 간단하게 정리해 볼 수 있지만, AWS나 클라우드 서비스에서 웹 서버를 구축할 때는 그전에 '인스턴스 생성' 단계를 거쳐야 합니다.

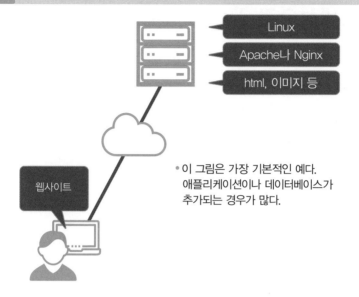

그림3-15 웹 서버를 구성하는 소프트웨어

Linux

Apache나 Nginx

html, 이미지 등

웹사이트

• 이 그림은 가장 기본적인 예다.
애플리케이션이나 데이터베이스가
추가되는 경우가 많다.

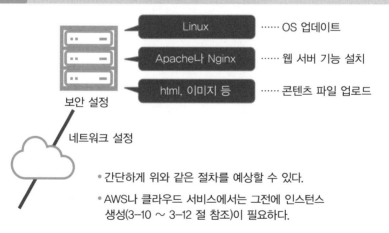

그림3-16 웹 서버를 생성하는 기본적인 절차

Linux ······ OS 업데이트

Apache나 Nginx ······ 웹 서버 기능 설치

html, 이미지 등 ······ 콘텐츠 파일 업로드

보안 설정

네트워크 설정

• 간단하게 위와 같은 절차를 예상할 수 있다.
• AWS나 클라우드 서비스에서는 그전에 인스턴스
생성(3-10 ~ 3-12 절 참조)이 필요하다.

Point

✔ 웹 서버는 웹사이트 등의 서비스를 제공하는 기본 서버다.

✔ 서버를 생성하기 전에 필요한 소프트웨어나 절차를 확인한다.

서버 생성으로 끝이 아니다

서버나 시스템 연결을 고려한다 //

앞 절에서 웹 서버를 예로 들어 기본적인 유의 사항을 설명했습니다.

이어서 서버를 중심으로 시스템을 구축 후에 해당 시스템에 연결할 수 있는 사람은 누구이며, 어떤 방식으로 연결할 수 있는지 AWS나 클라우드 서비스에서 정의해야 합니다.

AWS를 비롯한 클라우드 서비스에서는 서버 생성 자체는 간단하지만, 앞 절에서 언급한 것처럼 네트워크 설정이나 보안 설정은 조금 복잡합니다. 따라서, **우선 서버가 생성됐다고 끝이 아니라는 점과 시스템의 동작이나 일상적인 운영을 지원하는 구조와 관련된 설정 작업이 더 어렵다**는 점을 기억해야 합니다. 특히 클라우드를 처음 이용하는 사람은 '서버가 생성되면 끝'이라고 생각해 버리는 경우가 많은 것 같습니다 (그림 3-17).

그림으로 연결 방법을 파악해 둔다 //

구체적인 이미지를 파악할 수 있도록 다시 확인해 두겠습니다. 예를 들어, 그림 3-18은 하나의 예입니다. 그림을 보면 서버 생성 작업 외에도 사용자나 관리자의 연결을 정의할 필요가 있음을 알 수 있습니다. 위에서 말한 설정 작업에서 연결을 정의하는데, 특히 **관리자의 연결 방법으로 어떤 것이 있는지 봐두는 것**이 중요합니다.

그림 3-18에서는 대표적인 Session Manager와 SSH를 이용한 연결을 나타냈습니다. 이와 관련해선 나중에 설명합니다. 다음 절부터는 Amazon EC2에서 웹 서버를 생성하는 구체적인 절차를 예로 들어 설명하겠습니다. 관리자 연결 방법을 미리 생각해 두는 것이 왜 중요한지 이해할 수 있을 것입니다.

그림 3-17　서버 생성보다 관련 설정 작업이 힘들다

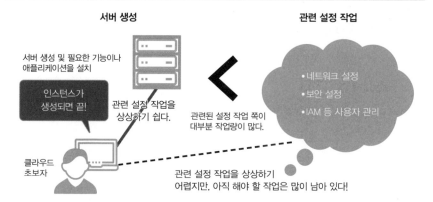

- 클라우드 초보자의 경우 서버 생성이 가장 큰 작업이기 때문에 서버가 생성되면 완료라고 생각하기 십상이지만, 관련된 작업이 더 어렵고 많다.
- 3-10 절 이후에서 설명하는 인스턴스 생성은 원하는 것이 명확하면 원활하게 진행되지만 역시 관련된 작업이 어렵다.

그림 3-18　사용자와 관리자 연결 방법 정의가 중요하다

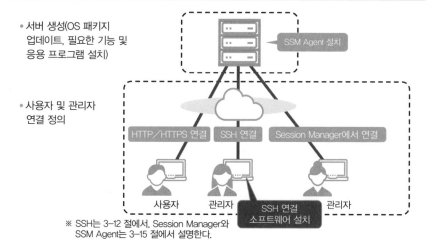

Point
✔ 서버 생성보다. 일상적인 운영을 지원하는 구조와 관련된 설정 작업이 더 어려운 경우가 많다.

✔ 익숙해지면 그림 등으로 연결 방법을 나타내 보자.

인스턴스 생성 ①
~ 인스턴스 생성과 시작 ~

EC2 콘솔에서 작업한다

Amazon EC2에서 인스턴스를 생성하려면 AWS 관리 콘솔에서 **EC2 콘솔**을 호출하여 진행합니다.

EC2 콘솔에서는 인스턴스나 Elastic IP 주소와 같은 EC2와 관련된 리소스 설정 메뉴가 표시됩니다. 그중에서 필요한 것들을 설정합니다.

물론, 그전에 2-2 절에서 설명한 **어떤 리전을 이용할지 결정합니다**. 우선 시험 삼아 웹 서버를 생성한다면 기본값인 미국 리전으로도 특별히 문제는 없지만, 서울 등 원하는 리전으로 변경할 수도 있습니다. 그런 다음 EC2 콘솔 화면에서 인스턴스 시작으로 들어갑니다(그림 3-19).

여기서 주의할 점은 인스턴스를 생성하기 전에 **AWS 공식 웹사이트 자습서** 등을 읽어보는 것입니다. 최근에는 주제별 동영상도 제공하는데, **AWS에서 권장하는 절차를 미리 확인해 보세요.**

자습서를 읽어보자

예를 들어, 'amazon ec2 인스턴스 생성' 등으로 검색하면 공식 자습서를 찾을 수 있습니다. 익숙하지 않으면 길고 읽기 어려운 문장이지만, 1-14 절에서 설명한 것처럼 일단 읽어 보겠습니다. 그러면 '키 페어 없이 인스턴스를 시작하면 인스턴스에 연결할 수 없습니다'와 같이 서버에 액세스하는 데 필요한 절차가 있음을 알 수 있습니다(그림 3-20).

그렇다고는 해도, 처음부터 길고 조금 어려운 문장을 읽어내기란 쉽지 않습니다. 일반 검색 결과에 표시되는 신뢰할 수 있는 기사 등으로 감을 잡고 나서, 자습서를 읽는 것도 좋은 방법입니다.

그림 3-19　인스턴스를 생성하는 화면의 예

- EC2 콘솔의 화면 일부 게재
- '인스턴스 시작'을 클릭하면 그림 3-11의 AMI 선택 화면으로 이동한다.

그림 3-20　AWS 공식 웹사이트의 자습서를 확인한다

- AWS에서 다양한 서비스를 이용할 때는 관련 자습서를 반드시 확인해 둔다.
- 검색 키워드도 고려하여 적절한 단어를 입력한다.

자습서 amazon ec2 linux 인스턴스 생성　　검색　　　※AWS 관리 콘솔에서도 갈 수 있지만, 검색
　　　　　　　　　　　　　　　　　　　　　　　　엔진에서 진행하는 것이 빠르다

- 이 사례에서 꼭 봐야 할 자습서 '자습서: Amazon EC2 linux 인스턴스 시작'을 참고하자.
- 곳곳의 링크에서 자세한 이야기가 나오니 읽어보자.

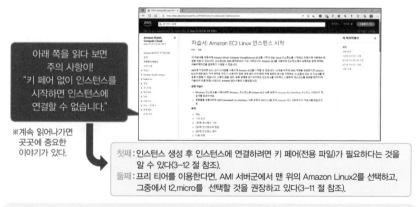

아래 쪽을 읽다 보면
주의 사항이!
"키 페어 없이 인스턴스를
시작하면 인스턴스에
연결할 수 없습니다."

※계속 읽어나가면
곳곳에 중요한
이야기가 있다.

첫째 : 인스턴스 생성 후 인스턴스에 연결하려면 키 페어(전용 파일)가 필요하다는 것을
　　　알 수 있다(3-12 절 참조).
둘째 : 프리 티어를 이용한다면, AMI 서버군에서 맨 위의 Amazon Linux2를 선택하고,
　　　그중에서 t2.micro를 선택할 것을 권장하고 있다(3-11 절 참조).

Point

✔ 인스턴스를 생성하기 전에 리전을 결정한다.

✔ 인스턴스를 생성하기 전에 AWS 공식 웹사이트에서 절차를 확인한다.

인스턴스 생성 ②
~ 인스턴스 유형 선택과 설정 ~

AMI를 선택한다

인스턴스 생성은 앞 절에서 본 것처럼 EC2 콘솔의 '인스턴스 시작' 버튼을 클릭하여 진행합니다. 그러면 인스턴스를 생성하는 각 단계가 구분되어 표시됩니다. 처음에는 **애플리케이션 및 OS 이미지(AMI: Amazon Machine Image)**에서 최적의 머신을 선택합니다. 신중하게 각 단계에서 구성을 확인하며 진행하세요.

서버 자체는 소규모 웹 서버를 생각하고 있으므로, 그림 3-11처럼 맨 위에 표시된 Amazon Linux 2 AMI를 선택합니다. 그다음은 인스턴스 유형을 선택할 차례입니다(그림 3-21). 이후로는 프리 티어를 전제로 하여 설명하겠습니다.

t2.nano, t2.micro 등이 표시되는데, 프리 티어인 t2.micro를 선택합니다. 여기서 만약을 위해 CPU 수량, 메모리, 스토리지 등이 요구 사항에 맞는지 확인해 둡니다.

인스턴스 생성 시 최초의 난관

이어서 인스턴스 설정으로 들어갑니다. 우선, 자습서를 참고하여 이름 및 태그를 입력합니다. 6-6과 6-7 절에서 설명하겠지만, 여기서는 **네트워크(VPC)나 퍼블릭 IP 자동 할당 등 조금은 어려운 설정이 많이 등장합니다.**

여기서 프리 티어를 전제로 할 때 몇 가지 빼놓을 수 없는 항목이 있습니다(그림 3-22).

보안에 관한 설정도 많아서 설명은 생략하지만, 그중에서 '인스턴스 설정'은 가장 주의를 기울여야 하는 항목 중 하나입니다. **인스턴스 생성의 관문** 중 하나라고 생각하면 될 것 같습니다. 사실 관문이 하나 더 있지만, 다음 절로 넘기겠습니다.

그림 3-21 인스턴스 유형 선택

EC2 〉 인스턴스 〉 인스턴스 시작 〉 **인스턴스 유형 비교**

- 인스턴스 유형 선택 화면의 일부이다.
- 단계를 확인하면서 진행한다.

그림 3-22 인스턴스 설정에서 주의할 설정 항목의 예

- 인스턴스 설정은 가장 주의를 기울여야 하는 항목 중 하나이다.
- 그 밖에도 여러 항목이 있지만, 여기서는 무료 이용을 위해 주의할 설정 항목과 설정 예를 소개한다.
- 기본 설정대로 두면 과금 대상이 될 수도 있으므로, 최신 정보를 AWS 공식 웹사이트에서 확인한다.

주의할 설정 항목의 예	설정 예
퍼블릭 IP 자동 할당	'활성화'로 한다
용량 예약	'열기' → '없음'
테넌시	'공유됨 – 공유된 하드웨어 인스턴스 실행'으로 되어 있는지 확인한다.

※ 용량 예약 : 특정 가용 영역에서 임의의 시간에 EC2 인스턴스에 사용할 용량을 예약한다.
※ 테넌시 : EC2 인스턴스가 물리적 호스트를 점유할 것인지, 공유할 것인지에 대한 설정으로 이용 요금에 영향을 미친다.

Point

✔ 인스턴스 생성은 AMI 선택부터 시작한다.
✔ 인스턴스 설정 단계는 가장 주의 깊게 살펴봐야 할 부분 중 하나다.

인스턴스 생성 ③
~ 보안 그룹과 스토리지 ~

보안 그룹 설정

이어서 **키 페어**를 생성합니다. 이 단계를 거치면 프라이빗 키 파일을 다운로드할 수 있습니다. 다운로드한 **키 파일은 인스턴스에 연결할 때 사용됩니다**(그림 3-23). 예를 들어, Windows PC에서 Linux 인스턴스에 연결하는 경우 등이 사용 설명서에 나와 있으므로 확인해 보세요.

다음 단계인 네트워크 보안 그룹(9-4 절 참조)에서는 방화벽을 설정합니다. 사실은 이 설정이 두 번째 관문입니다. 기본적으로 **SSH**(Secure SHell) 트래픽 허용으로 되어 있고 설정 절차는 클라우드 사업자마다 다르지만, 서버에 대한 첫 번째 보안 연결로서 주류가 되어 있습니다. SSH 소프트웨어를 이용하여 연결할 단말이나 IP 주소를 소스란에 기재하여 특정합니다.

보안에 관한 이야기이므로 자세한 설명은 생략하지만, 키 페어를 생성하고 키 파일을 다운로드하는 단계가 있다는 점과 약간은 복잡한 절차라는 점은 미리 알아 둡시다.

스토리지 추가하기

앞 절에서 인스턴스 설정까지 설명했습니다. 이어서 다음 단계로 스토리지 추가가 있습니다. **스토리지를 추가하면 생성할 인스턴스에서 스토리지 볼륨을 사용할 수 있게 됩니다.** 무료 이용이라면, 크기와 볼륨 유형을 프리 티어에 해당하는 것으로 선택합니다. 이 스토리지가 3-7 절에서 설명한 EBS입니다(그림 3-24).

그림 3-23 SSH 연결의 예

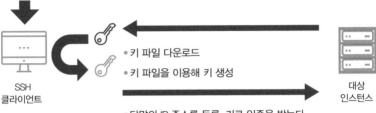

- 전용 소프트웨어 다운로드

SSH
클라이언트

- 키 파일 다운로드
- 키 파일을 이용해 키 생성

대상
인스턴스

- 단말의 IP 주소를 등록, 키로 인증을 받는다.
- 보안 그룹(9-4 절 참조)에 상기 정보를 설정한다.
- PC 측에 전용 소프트웨어를 설치하고 인스턴스
  이름 등의 정보를 등록하여 연결할 수 있도록 한다.

그림 3-24 스토리지를 추가하는 예

- 무료 이용 한도 제한에 주의한다.
- 관련 설명도 표시되어 있다.

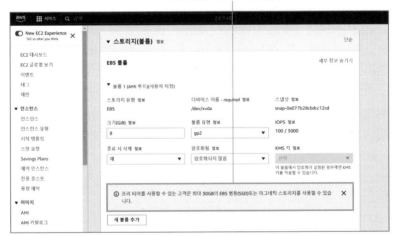

Point

✔ 스토리지가 추가되면 인스턴스 형태가 된다.

✔ 보안 그룹 설정은 두 번째 관문으로, 완성된 인스턴스에 연결할 키 페어도 준비한다.

인스턴스 연결 준비

인스턴스가 생성되고 나서가 진짜 시작

지금까지 EC2 인스턴스 생성에 관해 알아보았습니다. 하지만 아직은 **OS가 설치된 빈 인스턴스**에 불과합니다. 예를 들어, 웹 서버로 사용하려면 Apache를 설치하고 콘텐츠 파일을 업로드해야 합니다. 생성된 인스턴스에 연결해서 그러한 작업을 진행하지 않으면 웹 서버로 동작하지 않습니다. 이를 위해 **인스턴스에 연결하여 소프트웨어 등을 설치**할 수 있도록 해야 하는데, 그림 3-25에서 ①과 ②의 순서를 미리 상상해 보면 좋습니다.

연결까지 필요한 작업의 예

앞 절에서 SSH 연결을 위한 키 파일 생성에 관해 설명했습니다. 인스턴스에 처음 연결할 때는 다음과 같은 작업이 필요합니다.

- SSH 클라이언트는 키 파일(키 페어)을 변환하여 키로 가진다.
- EC2 콘솔에서 연결할 단말기 IP 주소를 등록하고 상기 키로 인증을 받는다(**특정된 단말 및 키를 가지고 있다**). 보안 그룹에 상기 정보를 설정함과 동시에 PC 쪽에 SSH 클라이언트를 설치하여 인스턴스 이름 등의 정보를 등록하여 연결할 수 있도록 한다.

인스턴스에 대한 첫 연결과 이를 위한 준비 작업은 두 가지 관문보다 더 많은 시간이 소요됩니다. 여기서도 사용 설명서를 살펴볼 필요가 있는데, **안전한 연결을 위해선 그에 상응하는 노력이 필요**합니다(그림 3-26).

여기까지 해냈다면, 드디어 인스턴스 생성이 완료됩니다.

그림 3-25 | 인스턴스에 연결하기

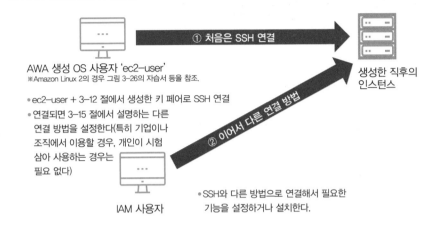

① 처음은 SSH 연결

생성한 직후의
인스턴스

AWA 생성 OS 사용자 'ec2-user'
※ Amazon Linux 2의 경우 그림 3-26의 자습서 등을 참조.

• ec2-user + 3-12 절에서 생성한 키 페어로 SSH 연결
• 연결되면 3-15 절에서 설명하는 다른
  연결 방법을 설정한다(특히 기업이나
  조직에서 이용할 경우, 개인이 시험
  삼아 사용하는 경우는
  필요 없다)

② 이어서 다른 연결 방법

IAM 사용자

• SSH와 다른 방법으로 연결해서 필요한
  기능을 설정하거나 설치한다.

그림 3-26 | 인스턴스 연결을 위한 사용 설명서의 예

• 개인이 집에서 linux 인스턴스에 연결하는 경우, Windows PC를 사용하는 경우가 많을 것으로 예상되므로,
  해당 키워드로 검색해 본다.

| aws windows linux 인스턴스 연결 | 검색 |

• 이 사례에서 읽어볼 사용 설명서
  "PuTTY를 사용하여 Windows에서 Linux 인스턴스에 연결"

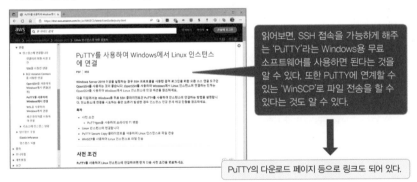

읽어보면, SSH 접속을 가능하게 해주
는 'PuTTY'라는 Windows용 무료
소프트웨어를 사용하면 된다는 것을
알 수 있다. 또한 PuTTY에 연계할 수
있는 'WinSCP'로 파일 전송을 할 수
있다는 것도 알 수 있다.

PuTTY의 다운로드 페이지 등으로 링크도 되어 있다.

Point

✔ 인스턴스를 생성한 직후에는 실제로는 비어 있으므로 그 후에 연결하여 목
  적에 맞는 인스턴스로 완성할 필요가 있다.

✔ 인스턴스에 연결하려면 키 생성, 단말 특정, 전용 툴 이용 등과 같이 안전한
  접속을 실현하기 위한 수고가 필요하다.

연결 후 가장 먼저 할 일

검은 화면이 보이나요?

인스턴스에 연결되면 그림 3-27과 같은 Amazon Linux 2 화면이 표시됩니다. 이 화면이 보인다는 것은 인스턴스의 생성이 완료되었고 무사히 연결되었다는 증거입니다.

Amazon Linux는 AWS에서 지원 및 유지보수를 제공하는 리눅스이므로 AWS에서 리눅스를 사용하려는 사용자에게는 추천할 만합니다.

Amazon Linux 2에만 국한된 이야기는 아니지만, 리눅스의 경우 일반적으로 이용하기 전에 **OS 패키지 업데이트**가 필요합니다. Amazon Linux 2 등 리눅스 OS에서는 첫 번째 화면에서 리눅스 명령어를 직접 입력합니다.

OS의 패키지 업데이트를 실행한다

커서가 있는 위치에서 그대로 리눅스 명령어 "sudo yum update"(관리자 권한으로 OS 패키지 업데이트 명령)를 입력하고 Enter 키를 누릅니다. 그러면 업데이트가 시작되고 완료됩니다(그림 3-28).

이러한 리눅스 OS의 패키지 업데이트는 온프레미스 서버나 클라우드 서버 모두에서 필수적인 작업입니다. 온프레미스로 서버를 구축할 때도 필수적인 작업이지만, 클라우드에서도 마찬가지입니다. **사용자가 이런 세세한 작업까지 하는 것이 클라우드에서 서버를 사용하는 것이기도 합니다.**

그런데 리눅스 OS 패키지 업데이트처럼 틀에 박힌 작업은 의외로 잊기 쉽습니다. '그러고 보니 그때 이걸 했던가?'라는 생각이 들면, 항상 확인하고 진행하도록 합니다.

그림 3-27 Amazon Linux 2 화면

- SSH로 연결에 성공하면 Amazon Linux 2 화면이 표시된다.
- 이 시점에서는 아무런 입력도 되어 있지 않다.

```
login as: ec2-user
Authenticating with public key "imported-openssh-key"

     _|  _|_  )
    _|  (  _|_  /    Amazon Linux 2 AMI
    _|\_____|_|_/

https://aws.amazon.com/amazon-linux-2/
[ec2-user@ip-172        ~]$
```

그림 3-28 Amazon Linux 2에서 OS 패키지 업데이트 하기

- 관리자 권한으로 패키지 업데이트 명령 'sudo yum update'를 입력하고, Enter 키를 누르면 업데이트가 시작된다.

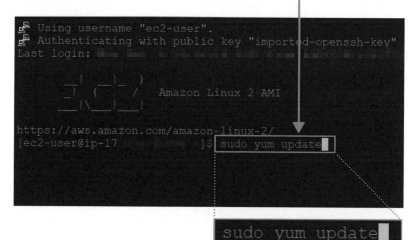

```
Using username "ec2-user".
Authenticating with public key "imported-openssh-key"
Last login:

     _|  _|_  )
    _|  (  _|_  /    Amazon Linux 2 AMI
    _|\_____|_|_/

https://aws.amazon.com/amazon-linux-2/
[ec2-user@ip-17           ]$ sudo yum update
```

```
sudo yum update
```

Point

✔ 리눅스에서는 이용 시작 시 OS 패키지 업데이트가 필수다.

✔ 클라우드 서비스에서는 사용자가 직접 OS를 업데이트하는 경우가 많다.

EC2 콘솔에서 연결한다

콘솔에서 직접 연결하는 방법

3-12와 3-13 절에서는 SSH 연결에 대해 설명했습니다. SSH의 경우에는 클라이언트 측에서 전용 툴의 설치 등 여러 가지 준비 작업이 필요하고, 관리자의 인원수 등에 따라 많은 시간이 걸립니다. 또한 SSH 연결에서는 AWS에서 자세한 접속 로그를 얻을 수 없다는 문제도 있습니다.

따라서 요즘에는 에이전트를 인스턴스에 설치하고 콘솔에서 직접 인스턴스에 연결하는 방법이 권장됩니다.

그림 3-18처럼 Session Manager를 통한 연결에서 에이전트 소프트웨어를 가리켜 SSM Agent 등으로 부르기도 합니다. **기업 관리자의 기본 연결 방법 중 하나입니다.** 그 외에도 시리얼 연결 등이 있습니다.

Session Manager로 연결한다

Session Manager로 연결하기 위한 준비는 다음과 같습니다.

- ◆ 인스턴스에 SSM Agent를 설치한다(그림 3-29)
- ◆ 인스턴스에 전용 IAM 역할을 만들어 연결한다(그림 3-30)

AWS에서는 IAM 역할을 'IAM 역할은 계정에서 생성할 수 있는 특정 권한을 지닌 IAM 자격 증명'이라고 조금 어렵게 설명하고 있습니다.

이 경우 IAM 사용자와 IAM 역할의 차이점은, IAM 사용자는 Session Manager를 사용하는 사용자에게 주어지는 ID이고, IAM 역할은 Session Manager가 SSM Agent를 통해 **EC2 인스턴스에 액세스할 수 있는 권한을 부여하기 위해 인스턴스에 연결되는 구조입니다.**

그림 3-29 **Session Manager로 연결하기 위한 준비**

- Amazon Linux 2에는 SSM Agent가 기본으로 설치되어 있다.
- CloudWatch 등과의 연계로 SSM의 업데이트나 설치가 필요한 경우도 있다.
- 물론 공식 사용 설명서에 실려 있다.
- 'aws Linux 2 인스턴스 ssm agent 설치' 등으로 검색해 본다. 사용 설명서 'Amazon Linux 2 인스턴스에 SSM Agent 수동 설치'에서 볼 수 있다.

그림 3-30 **IAM 역할의 연결**

- 대상 EC2 인스턴스에 역할을 부착하면 설치된 SSM Agent를 사용할 수 있게 된다.

Point

✔ Session Manager는 기업 관리자의 기본 접속 방법 중 하나이다.

✔ IAM 역할은 서비스에 대한 조작 권한을 의미하며, 여기서는 SSM Agent의 이용 권한을 인스턴스에 연결한다.

웹 서버 기능 설치와 IP 주소

웹 서버 기능 설치하기

이 장에서는 웹 서버를 사례로 들어, EC2에서 어떠한 작업이 필요한지 설명했습니다. 지금까지 미완성 작업으로 남아 있는 것은 웹 서버 기능 설치하기입니다.

웹 서버 기능을 위해 전용 명령을 입력하여 **Apache**를 설치합니다. 이 경우라면, 3-14 절에서 설명한 OS 패키지 업데이트에 이어서 진행하는 것이 효율적입니다.

Apache와 관련된 작업을 요약하면 다음과 같습니다(그림 3-31).

- ◆ **Apache 설치**
- ◆ **Apache 시작**

이제 대상 인스턴스가 웹 서버 역할을 하게 됩니다. 외부에서 볼 수 있도록 3-12 절에서 설명한 보안 그룹 설정에서 HTTP 통신 권한을 추가한 후 자동으로 할당된 퍼블릭 IP 값을 브라우저에서 입력하면 Apache 테스트 화면을 볼 수 있습니다.

고정 IP 주소 취득하기

가변 IP 주소는 웹 서버에서 사용하기 어렵기 때문에 **고정 IP 주소를 얻습니다**. 필요하다면 고유한 도메인 이름을 획득하여 연결하기도 합니다.

AWS에서는 고정 IP 주소를 **Elastic IP 주소**라고 부르며, 웹 서버뿐만 아니라 외부 시스템과의 연동 등에 활용됩니다(그림 3-32).

그림 3-31 Apache 서버 설치와 시작

Apache를 설치한다

sudo yum install httpd

※ 웹 서버 기능으로서 Apache를 예로 들어 소개한다.

Apache를 시작한다

sudo systemctl start httpd.service

서버 정지나 재시작에 맞춰 Apache를 시작한다

sudo systemctl enable httpd.service

Apache 설치

Apache를 바르게 설치하고 시작한 다음, 브라우저에서 서버의
IP 주소를 입력하면 Apache Test Page 화면이 표시된다.

- 관리자 권한인 'sudo'로 필요한 초기 설정을 한다.
- 'systemctl'은 서비스 관리를 의미한다.
- 위 작업은 직접 서버를 구축할 때나 클라우드 서비스를 이용할 때 모두 필요하다.

그림 3-32 Elastic IP 주소의 필요성

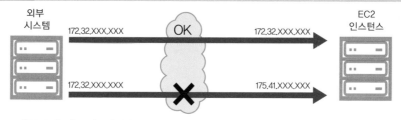

외부
시스템

172.32.XXX.XXX   OK   172.32.XXX.XXX

172.32.XXX.XXX   ✕   175.41.XXX.XXX

EC2
인스턴스

- 예를 들어, 외부 시스템에서 172.32.XXX.XXX로 EC2 인스턴스 연결을 설정한 상태에서
다른 IP 주소로 변경되면 연결이 불가능하다.
- EC2 인스턴스를 정지하고 다시 시작할 때 IP 주소가 변경될 수 있다.

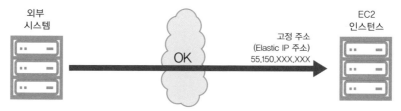

외부
시스템

고정 주소
(Elastic IP 주소)
55.150.XXX.XXX

EC2
인스턴스

OK

- 그래서 Elastic IP 주소로 고정하고, 그 IP 주소로 연결한다.

Point

✔ 웹 서버로 작동하려면 Apache를 설치하고 시작해야 한다.

✔ 고정 IP 주소를 설정하는 서비스를 Elastic IP 주소라고 한다.

콘텐츠 업로드

퍼미션 설정

앞 절에서 Apache를 실행하고 IP 주소까지 획득했으므로 기본적인 웹 서버로서의 기능은 갖추어졌습니다. 이제 남은 것은 홈페이지를 구성하는 html 등 콘텐츠를 업로드하는 것입니다. 이 역시 그림 3-26에서 소개한 것처럼 전용 도구가 있습니다. 전용 도구를 이용해 미리 만들어 놓은 html 파일 등을 업로드합니다.

이때 클라우드와 별개로 **웹 서버에서 할 일**이 있습니다. 그것은 바로 **퍼미션 설정**입니다. 파일을 업로드하려면 웹 서버의 디렉터리 등에 쓰기 권한(퍼미션)을 설정해야 합니다. 필요한 퍼미션을 특별한 명령을 입력하여 설정합니다(그림 3-33).

웹 서버에서 필요한 작업

퍼미션 설정이 완료되면, 지정된 디렉터리에 파일을 업로드합니다. 이 또한 약속으로서 'var/www/html' 디렉터리 아래에 파일을 업로드합니다. 이렇게 하고 나면 비로소 웹 서버로 동작할 수 있게 됩니다. AWS에는 웹사이트에 적합한 AWS LightSail이라는 서비스도 있습니다.

지금까지 EC2를 이용한 웹 서버 구축 방법을 설명했습니다. **리눅스 서버에서의 기본적인 절차, AWS 설정 순서, 그리고 (웹) 서버에서 필요한 작업으로 AWS 상에 서버가 구축됩니다**(그림 3-34).

클라우드 상에서 서버를 구축하고 이용하는 과정이 조금 복잡한 부분도 있지만, 기본만 잘 파악하고 접근하면 절대로 어렵지 않습니다.

그림 3-33 퍼미션 설정의 예

- 아직 디바이스에서 서버로 파일을 전송할 수 없으므로 퍼미션 설정이 필요하다.
- 웹 서버(Apache)의 약속으로서 var/www/html 아래에 콘텐츠를 넣는다.

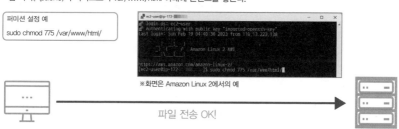

퍼미션 설정 예

sudo chmod 775 /var/www/html/

※화면은 Amazon Linux 2에서의 예

파일 전송 OK!

- 파일 전송에 FTP를 사용하는 경우가 많지만, 그림 3-26에서 소개한 WinSCP를 사용하는 것이 좋다.
- chmod는 퍼미션(접근 권한)을 설정 및 변경하는 명령어이다.
- 775는 소유자와 특정 그룹이 파일이나 디렉터리의 읽기, 쓰기, 실행의 모든 권한을 갖지만, 다른 사용자는 읽기 및 실행만 할 수 있도록 제한된다.

그림 3-34 리눅스 서버, 웹 서버, AWS에서 할 일이 섞여 있다

웹 서버(특정 서버 기능)에서 할 일

AWS에서 할 일

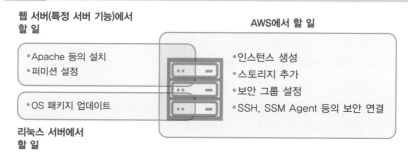

- Apache 등의 설치
- 퍼미션 설정

- OS 패키지 업데이트

- 인스턴스 생성
- 스토리지 추가
- 보안 그룹 설정
- SSH, SSM Agent 등의 보안 연결

리눅스 서버에서 할 일

- 소규모 웹 서버지만, 리눅스 서버, 웹 서버, AWS에서 각각의 할 일(고유한 작업)이 섞여 있다.
- 웹 서버를 예로 들었지만, 다른 서버나 시스템에서도 이 3가지는 반드시 있다.
- 4-3 절에서 파일 서버 이야기도 하는데, 온프레미스 시절의 경험을 살릴지 AWS에서 특정 목적을 가진 서버를 구축하는 경험으로 확인해 갈지, 지식이 없는 사람은 후자가 목표 달성에 더 빠를 것이다.

Point

✔ 퍼미션 설정과 웹 서버 전용 디렉터리 등의 약속은 알아두자.

✔ AWS에서의 설정뿐만 아니라 리눅스 서버나 웹 서버에 필요한 설정 작업에 대한 이해가 있어야 서버 구축을 원활하게 진행할 수 있다.

서비스 규모에 맞춘다

중소규모 웹 서버의 주류

지금까지 소규모 웹 서버를 예로 들어 Amazon EC2에서 인스턴스를 생성하는 과정을 설명했습니다. 목적에 맞는 서버를 만들기 위해서는 인스턴스뿐만 아니라 보안을 비롯해 확인해야 할 다양한 설정 항목이 있음을 이해했을 것입니다.

참고로 **실제 중소규모 웹 서버를 구축하는 경우**에는 일반적으로 **ISP**(Internet Service Provier)가 제공하는 **임대 서버** 서비스를 이용하는 경우가 많습니다.

임대 서버 업체에서 도메인 이름을 취득하고 서버도 임대하면 곧바로 사용할 수 있는 상태로 제공됩니다.

웹 서버 외에도 FTP 서버 기능이나 DNS 설정도 이미 되어 있고, 퍼미션 설정이나 디렉터리도 신경 쓰지 않고 루트 디렉터리에 업로드하면 되도록 설정되어 있습니다. 또한 데이터베이스나 CMS(Content Management System)로 인기 있는 WordPress 등이 필요한 경우에도 신청하면 바로 설정됩니다(그림 3-35).

AWS로 웹 서버를 구축하는 사례

실제로 AWS로 웹 서버를 구축한 기업은 중규모 이상의 웹 서비스를 제공합니다. 시스템 구성으로는 지금은 조금 어려워 보이는 그림 3-36과 같은 구성을 예로 들 수 있습니다. 여기선 이미지 등 콘텐츠가 많은 예라서 4장에서 설명할 Amazon S3 서비스도 함께 이용하고 있습니다. 필요한 경우에는 EC2 뒤로 데이터베이스도 구현합니다. 참고로 AWS에는 **임대 서버에 가까운, 비교적 쉽게 웹 서버를 구축할 수 있는 서비스로 Amazon LightSail이** 있습니다.

그림 3-35　편리한 ISP의 임대 서버

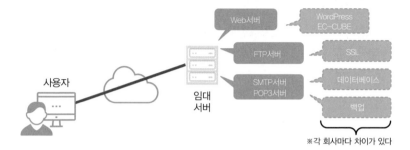

- 도메인 취득 및 임대 서버 계약을 하면 웹, FTP, SMTP, POP3 서버가 세팅되고 각각의 IP 주소가 안내된다.
- FTP 소프트웨어를 이용하면 바로 콘텐츠를 업로드할 수 있는 상태가 된다(3-17 절의 퍼미션이나 디렉터리를 의식할 필요도 없다).
- 유명한 ISP는 메일 서비스 등의 지원도 잘 되어 있어, 다양한 이용 상황에서 추천할 수 있다.

그림 3-36　대량의 콘텐츠를 가진 웹 서비스의 예

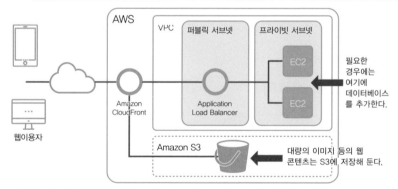

- 퍼블릭 서브넷은 인터넷에 접속할 수 있는 서브넷, 프라이빗 서브넷은 인터넷에 접속할 수 없는 외부와 격리된 서브넷이다.
- 퍼블릭 서브넷에 EC2를 배포하는 구성도 있지만, 이 예시에서는 Application Load Balancer를 두어 여러 EC2의 부하를 분산한다.
- Amazon CloudFront는 콘텐츠 전송 네트워크 서비스로, 접속 위치에 따라 네트워크 지연이 적은 가까운 위치에서 콘텐츠를 전송하여 더 빨리 배포하도록 지원하는 웹 서비스이다.

Point

✔ 실제로 중·소규모 웹 서버를 구축하는 경우에는 ISP의 임대 서버 서비스를 많이 사용한다.

✔ AWS는 중대형 전용 웹 서비스에 적합하지만, 임대 서버에 가까운 서비스도 제공한다.

사용 설명서를 보자 ～ 첫 번째 이야기 ～

3장에서는 공식 사용 설명서를 보면서 작업을 진행하는 방법을 소개했습니다. 익숙해지면 문제없지만, AWS 사용 설명서는 읽기 어려운 부분도 있으므로 처음에는 어려움을 느끼는 사람도 많은 것이 사실입니다.

여기서는 우선은 공식 사용 설명서를 보는 것으로 시작해 봅시다.

가장 기본적인 사용 설명서 중 하나가 EC2 생성입니다. 그림 3-20에서 본 것처럼 'amazon ec2 인스턴스 생성'으로 검색해 보세요.

검색 엔진에서 찾아보자

```
amazon ec2 인스턴스 생성                              🔍
```

검색 결과로 유사한 설명서와 관련 게시물이 나열됩니다. 그중에서 '자습서: Amazon EC2 Linux 인스턴스 시작'을 선택합니다.

검색이 간편하고 빠르다

AWS에서 모르는 것이 있다면 위와 같이 검색 엔진에 키워드를 입력해서 원하는 AWS 공식 웹사이트나 사용 설명서를 찾는 것이 간편한 방법입니다.

AWS를 사용하기 시작한 후에도 관리 콘솔의 검색 상자에 키워드를 입력해서 원하는 서비스에 도달하는 경우가 종종 있습니다. 이것도 간편하고 빠르기 때문입니다.

Chapter 4

Amazon S3를 사용한다

클라우드다운 스토리지 서비스

대표적인 스토리지 서비스

Amazon S3의 특징 //

3장에서는 AWS라고 하면 가장 먼저 떠오르는 서비스인 Amazon EC2에 관해 설명했습니다. 4장에서는 그와 어깨를 나란히 하는 대표적인 서비스인 **Amazon S3**에 대해 이용 사례와 함께 설명하겠습니다.

Amazon S3의 정식 이름은 Amazon Simple Storage Service입니다. 다양한 용도로 이용할 수 있는 소규모부터 대규모에 이르는 확장성, 고가용성, 저비용을 실현하는 객체 스토리지 서비스입니다. 인터넷에서 액세스할 수 있어서 스토리지뿐만 아니라 정적 웹 페이지로도 사용할 수 있습니다. 정리하면 다음과 같은 특징을 들 수 있습니다(그림 4-1).

- ◆ 스토리지 액세스 : HTTPS 프로토콜을 이용한다.
- ◆ 확장성 : 사용자의 요구에 맞게 소규모에서 초대규모 용량까지 유연하게 이용할 수 있다.
- ◆ 높은 가용성 : AWS에서는 99.999999999%(9×11)를 실현한다고 한다
- ◆ 비용적 이점 : 표준으로도 10GB에 0.25달러 등 저렴한 가격의 서비스로서 리더 격인 존재다.

덧붙여, 객체 스토리지와 파일 스토리지의 차이는 5-10 절에서 설명합니다.

기업에서 이용하는 사례 //

Amazon S3는 **백업이나 대용량 파일을 보관하는 시스템으로 많이 활용**됩니다. 기업이나 단체에 따라서는 파일 서버를 대체하는 **파일 공유 수단으로 이용**하기도 합니다(그림 4-2).

4-3 절부터는 개인도 다룰 수 있는 파일 공유 활용 사례를 설명하겠습니다.

그림 4-1　Amazon S3의 특징

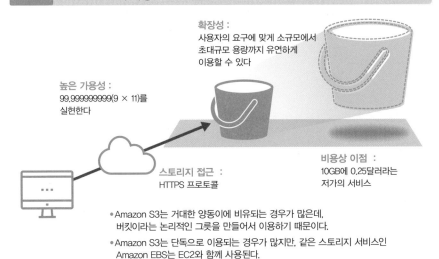

확장성 :
사용자의 요구에 맞게 소규모에서
초대규모 용량까지 유연하게
이용할 수 있다

높은 가용성 :
99.999999999(9 × 11)를
실현한다

스토리지 접근 :
HTTPS 프로토콜

비용상 이점 :
10GB에 0.25달러라는
저가의 서비스

- Amazon S3는 거대한 양동이에 비유되는 경우가 많은데,
  버킷이라는 논리적인 그릇을 만들어서 이용하기 때문이다.
- Amazon S3는 단독으로 이용되는 경우가 많지만, 같은 스토리지 서비스인
  Amazon EBS는 EC2와 함께 사용된다.

Chapter
4

Amazon S3를 사용한다

그림 4-2　기업에서 Amazon S3를 이용하는 예

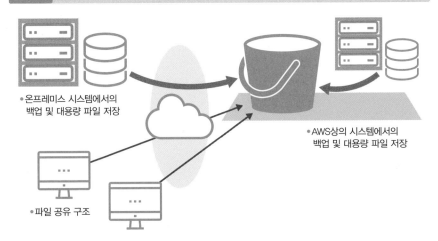

- 온프레미스 시스템에서의
  백업 및 대용량 파일 저장

- AWS상의 시스템에서의
  백업 및 대용량 파일 저장

- 파일 공유 구조

Point
　✔ Amazon S3는 Amazon EC2와 함께 AWS의 유명한 서비스이다.
　✔ 스토리지 서비스로서 백업, 대용량 파일 저장, 파일 공유 등에 사용된다.

글로벌 스토리지 서비스

거대한 스토리지 서비스

앞 절에서 Amazon S3의 기본적인 특징을 살펴봤지만, 그것만으로도 유연성과 내구성이 높고 비용상의 이점이 있는 스토리지 서비스로 보입니다.

전 세계로 배포되는 스토리지 서비스의 이점을 누릴 수 있는 기능으로 **교차 리전 복제**가 있습니다. 교차 리전 복제란 리전 간에 Amazon S3를 복제하는 기능입니다. 예를 들어, 한 리전에서 대규모 재해가 발생하더라도 다른 리전에 복제된 데이터에서 복구할 수 있다면 비즈니스를 지속할 수 있을 것입니다. 1-2 절에서 살펴본 초거대 클라우드 서비스에서 제공할 수 있는 기능의 하나인데, 3개 이상의 리전에 자동으로 복제를 할 수 있습니다. 복제가 설정되어 있으면, 메인 리전에서 생성된 파일이 다른 리전으로 자동으로 복제됩니다(그림 4-3).

최적의 유형을 찾아낸다

또한 서비스의 특징으로 다양한 **스토리지 클래스** 설정을 들 수 있습니다. Amazon S3는 저장되는 데이터의 용도와 필요에 따라 스탠다드, 인텔리전트, 낮은 빈도, 기타 스토리지 유형에서 선택할 수 있습니다(그림 4-4).

스토리지 클래스가 있으므로, 처음에는 스탠다드로 시작합니다. 그리고 나서 실제로 그다지 액세스되지 않으면 저빈도로, 반대로 자주 액세스되고 패턴화할 수 없을 때는 인텔리전트로 전환할 수 있습니다.

1-9 절에서도 이용 요금에 관하여 설명했지만, **시스템 이용 상황에 맞는 서비스를 선택**하기 바라는 마음은 모든 IT 자원에서 공통인 것 같습니다.

그림 4-3 교차 리전 복제의 개요

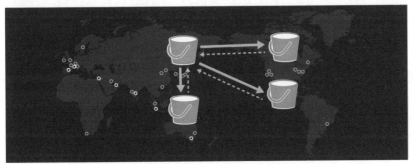

- 예를 들어, 서울 리전의 S3가 북미 등 다른 리전에도 복제되는 경우
- 장애 발생 시 다른 리전으로부터 복구할 수 있다.
- 교차 리전 복제를 이용하는 경우, 사용자가 버킷 관리의 복제 규칙에서 설정한다.

그림 4-4 스토리지 클래스의 개요

스토리지 클래스	대상이 되는 데이터
S3 Standard (S3 표준)	자주 액세스하는 데이터
S3 Standard-IA (S3 표준에서 저빈도 액세스)	장기간 이용하지만, 그다지 액세스되지 않는 데이터
S3 One Zone-IA (S3 1존에서 저빈도 액세스)	장기간 이용하지만, 빈번하게 액세스 되지 않고 중요도가 낮은 데이터
S3 Intelligent-Tiering	예측할 수 없는 액세스 패턴을 가진 데이터
S3 Glacier	장기 데이터 아카이브나 디지털 보존용 데이터
S3 Glacier Deep Archive	S3 Glacier의 요건 및 1년에 1~2회 액세스, 7~10년 이상 보관에 적합한 데이터

- 'AWS S3 스토리지 클래스 (사용, 비교)' 등으로 검색하여 AWS 공식 웹사이트에 게재된 정보 및 파일 속성의 스토리지 클래스에 대한 정보를 바탕으로 작성했다.
- 기본값은 S3 Standard이지만 업로드시 속성에서 선택할 수 있다.

※ AWS 공식 사이트의 S3 자습서 중 'Amazon S3 스토리지 클래스 사용'을 참고로 정리했다.

Point
- ✔ 교차 리전 복제는 AWS와 Amazon S3의 특징을 보여주는 거대한 서비스다.
- ✔ 스토리지 클래스의 존재를 인지하고 최적의 유형 활용을 고려해야 한다.

Chapter **4**

Amazon S3를 사용한다

파일 공유 서비스와 파일 서버의 차이

클라우드에서는 파일 공유 서비스가 주류 �

기업이나 단체에서는 파일 서버를 구축해 직원의 소속, 권한 등에 따라 파일을 공유
하는 것이 일반적입니다. 클라우드 이전의 온프레미스 시스템 시대에는 이런 방식이
표준이었습니다. 그러나, 클라우드 도입이 활발해지면서 클라우드에 파일 서버를 구
축하는 경우도 있지만, 소규모 조직이나 개인 그룹 등에서는 클라우드의 특성을 살
린 **파일 공유 서비스**를 활용해 간편하게 파일을 공유하기도 합니다(그림 4-5).

Amazon S3를 이용하면 비교적 쉽게 파일 공유 서비스를 구현할 수 있습니다. 이제
부터는 Amazon S3를 활용한 파일 공유 서비스를 설명하겠습니다. 우선, 파일 서버
와의 차이점을 알아봅시다.

파일 서버 구축 방법 〱ууутуутуутуутуутуутуутуутуутуутуутуутуут

파일 서버는 표준화되어 있으며 서버 OS에 따라 기본 구성이 정해져 있습니다. 참고
로 소개해 두겠습니다.

기업에서 대다수는 서버 OS로서 Windows Server를 사용하며, Windows Server
에 있는 파일 서버의 기능을 선택 · 설정해서 이용합니다. 리눅스 OS를 이용하는 기
업도 있지만, 이 경우에는 Samba 등을 설치하여 이용합니다. 온프레미스 파일 서버
라면 대개 이 중 하나로 운영됩니다(그림 4-6).

물론 클라우드 상에 파일 서버를 구축하기도 하지만, **AWS나 클라우드 사업자가 제
공하는 스토리지 서비스를 이용해 손쉽게 파일 공유를 실현할 수도 있습니다.**

다음 절에서는 Amazon S3를 이용한 파일 공유 서비스 사례를 설명합니다.

그림 4-5 파일 서버에서 파일 공유 서비스의 시대로

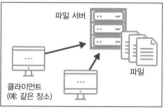

파일 서버 이용

파일 서버

클라이언트
(예: 같은 장소)

파일

• 온프레미스가 주류를 이루던 시절에는
파일 서버를 구축해 파일을 공유했다.

파일 공유 서비스 이용

파일

Amazon
S3

클라이언트
(예: 다른 장소)

• 클라우드의 파일 공유 서비스에는 파일 서버가 꼭
필요하진 않다.
• 온프레미스와 달리 클라이언트의 장소도 다양하다.
• Amazon S3처럼 스토리지만으로 간단하게 서비스를
실현·제공하는 경우도 있다.

그림 4-6 파일 서버를 구축한다

Windows Server '서버 역할 선택'

Windows Server의 파일 서버

Windows Server
+
(파일 서버)
(파일 서버 리소스 관리자)

각종 설정은 파일 서버 리소스
관리자로 한다.

리눅스(CentOS)에서 Samba 설치 화면

리눅스의 파일 서버

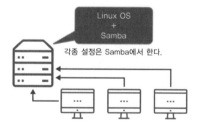

Linux OS
+
Samba

각종 설정은 Samba에서 한다.

Point

✔ 온프레미스 시대에는 파일 서버가 주류였으나, 클라우드 시대에는 파일 공유
서비스로 바뀌고 있다.

✔ Amazon S3를 이용하면 비교적 쉽게 파일 공유 서비스를 실현할 수 있다.

파일 공유의 예

Amazon S3로 파일 공유를 실현한다 //

이 절에서는 Amazon S3를 이용한 파일 공유를 설명합니다. 요구되는 파일 공유 방식에 따라 방법이 달라집니다. **공유할 조직이나 사람으로 분류**해 보면 다음과 같습니다(그림 4-7).

❶ 조직 내부 및 워크 그룹 등에서 공유(4-7 절 참조)

　　Amazon S3에 생성한 버킷의 파일에 각 IAM 사용자에게 적절한 접근 권한을 부여하여 파일을 공유합니다. IAM 사용자는 관리 콘솔을 사용해야 합니다.

❷ 고객 및 외부인과의 일시적인 공유(4-8 절 참조)

　　시간제한을 둔 접근 가능한 URL을 이메일 등으로 상대에게 안내합니다. 거래처 등 일시적으로 파일을 공유하고자 하는 사람과 이용합니다.

❸ 파일 공개를 통한 공유(4-8 절 참조)

　　정적인 웹페이지로 해서 이미지나 문서 등을 누구나 접근할 수 있도록 공개합니다. 편리하지만, 누구나 파일을 볼 수 있으므로 설정이나 파일 내용에 주의가 필요합니다.

물론 4-1 절에서도 언급했듯이 S3를 시스템의 스토리지로 활용하는 방법도 있습니다.

파일 공유 시작 전 준비 ///

기본적인 사항이지만, 파일 공유를 시작하기 전에 **누가 어떤 형태로 이용할 것인지 미리 정해 두어야 합니다.** 또, 실제로 Amazon S3를 이용하려면, **폴더와 하위 파일을 배치하는 방법이나 접근 권한 등도 미리 결정**해야 합니다. 그 과정에서 어느 것이 적절한 공유 방법인지 알 수 있습니다(그림 4-8).

그림 4-7 Amazon S3로 파일을 공유하는 예

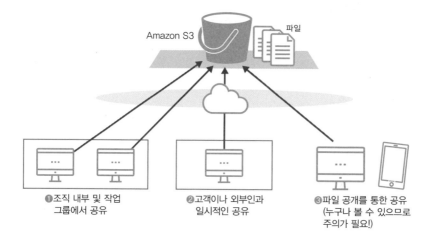

❶조직 내부 및 작업
그룹에서 공유

❷고객이나 외부인과
일시적인 공유

❸파일 공개를 통한 공유
(누구나 볼 수 있으므로
주의가 필요!)

그림 4-8 파일 공유 서비스를 이용하기 전에 검토할 것

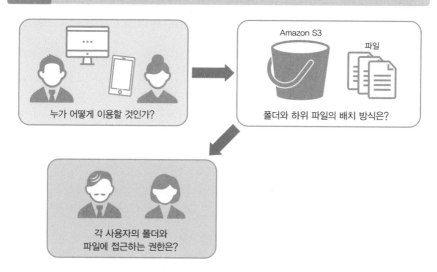

누가 어떻게 이용할 것인가?

폴더와 하위 파일의 배치 방식은?

각 사용자의 폴더와
파일에 접근하는 권한은?

Point

✔ Amazon S3로 파일을 공유할 수 있지만, 공유할 조직이나 사람, 파일에 대한
접근 방식에 따라 실현 방법이 달라진다.

✔ 파일 공유 서비스를 이용하기 전에 준비는 필수다.

버킷 만들기

버킷 생성에 꼭 필요한 정보 //

Amazon S3로 파일을 공유하려면 **AWS 관리 콘솔에서 Amazon S3를 선택하고 파일을 담을 그릇을 만듭니다.** 이 파일을 담는 그릇을 **버킷**이라고 합니다. 버킷 생성은 Amazon S3를 이용하기 위해 필수적인 절차입니다.

버킷을 생성하기 위해서는 버킷의 이름이 꼭 필요합니다. 여기서 결정해서 입력하는 버킷 및 버킷 이름은 4-8 절에서 설명할 객체 URL이기도 하며, 고유한 웹 페이지로 볼 수 있습니다. **다른 버킷과 중복되지 않는, 세상에서 하나뿐인 고유한 이름을 붙여야만 합니다.**

실제 버킷 생성 화면에서 처음 버킷을 생성할 때는 S3 콘솔에서 [버킷 만들기]를 클릭하고 다음 항목을 입력합니다(그림 4-9).

❶ 버킷 이름

URL로 공개할 때 경로명의 일부가 됩니다. 그런 경우를 고려하면 짧은 이름이 좋습니다.

❷ AWS 리전

국내에서 접근할 경우 기본적으로 아시아 태평양(서울) 리전으로 설정합니다.

'기존 버킷에서 설정 복사'에 대해서는 최초 생성 시에는 무시합니다.

완성되면 버킷이 표시된다 //

이 외에도 공개 액세스 설정, 버킷 버전, 기본 암호화와 같은 설정 항목이 있지만, 처음에는 신경 쓰지 않고 버킷을 만들어 보겠습니다. 그러면 완성된 버킷이 표시됩니다(그림 4-10).

그림 4-9 버킷 만들기 개요

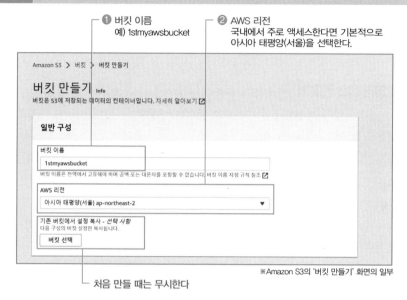

❶ 버킷 이름
예) 1stmyawsbucket

❷ AWS 리전
국내에서 주로 액세스한다면 기본적으로
아시아 태평양(서울)을 선택한다.

Amazon S3 > 버킷 > 버킷 만들기

버킷 만들기 Info
버킷은 S3에 저장되는 데이터의 컨테이너입니다. 자세히 알아보기 🔗

일반 구성

버킷 이름
1stmyawsbucket
버킷 이름은 전역에서 고유해야 하며 공백 또는 대문자를 포함할 수 없습니다. 버킷 이름 지정 규칙 참조 🔗

AWS 리전
아시아 태평양(서울) ap-northeast-2 ▼

기존 버킷에서 설정 복사 - *선택 사항*
다음 구성의 버킷 설정만 복사됩니다.
버킷 선택

처음 만들 때는 무시한다

※Amazon S3의 '버킷 만들기' 화면의 일부

Chapter 4
Amazon S3를 사용한다

- 처음에는 AWS 관리 콘솔에서 Amazon S3에 들어가는 방법을 모르는 경우도 있지만,
  모든 서비스 등에서 들어가거나 검색 상자에서 S3를 입력하면 된다.

- 그 밖에 퍼블릭 액세스 설정(웹 페이지로서의 액세스 불가), 버킷 버전 관리(S3 측에서 파일의 세대 관리를
  해 준다), 디폴트 암호화(서버 측에서의 암호화) 등의 항목이 있다.

그림 4-10 완성된 버킷의 예

버킷 (1) Info
버킷은 S3에 저장되는 데이터의 컨테이너입니다. 자세히 알아보기 🔗

🔄 📋 ARN 복사   비어 있음   삭제   **버킷 만들기**

🔍 이름으로 버킷 찾기   < 1 > ⚙️

이름 ▲	AWS 리전 ▽	액세스 ▽	생성 날짜 ▽
⭕ 1stmyawsbucket	아시아 태평양(서울) ap-northeast-2	버킷 및 객체가 퍼블릭이 아님	2023.▮▮ pm 12:38:12 PM KST

※ Amazon S3의 '버킷 만들기' 화면의 일부

- 버킷이 생성되면 위와 같이 버킷 이름이 표시된다.
- 버킷 이름을 클릭하면 생성 후에도 각종 설정을 변경할 수 있다.

Point
✔ Amazon S3에서는 파일을 담는 그릇인 버킷 생성부터 시작한다.
✔ 버킷 이름은 URL의 일부가 되므로 유일한 이름을 지정해야 한다.

버킷의 내용

버킷에서 폴더 만들기

앞 절에서 버킷을 생성했으면 다음으로 **폴더**를 만듭니다. 폴더로 버킷 내의 객체나 **파일**을 그룹화합니다.

폴더를 만들면 폴더별로 액세스할 수 있는 사용자와 접근할 수 없는 사용자를 구분할 수 있다는 장점이 있습니다. 기업에서 파일 서버의 특정 폴더는 일부 사람만 볼 수 있도록 하는 것과 같은 방식입니다.

폴더 만들려면 버킷을 선택한 후 [폴더 만들기]를 클릭합니다. 여기서 폴더 이름을 입력하고 서버 측 암호화 등을 설정하여 폴더를 만듭니다(그림 4-11).

파일 업로드와 액세스 권한

폴더가 생성되면 공유하고 싶은 파일을 업로드합니다. 대상 폴더를 선택하고 업로드를 클릭한 후 업로드할 파일을 선택합니다. 업로드가 성공하면, '성공했습니다'라고 표시됩니다(그림 4-11).

업로드된 파일은 사용자의 권한에 따라 다르지만, 예를 들어 읽기 권한을 가진 사용자라면 파일 내용을 확인하거나 다운로드할 수 있습니다.

파일 공유 관점에서 말하면, 관리자나 S3와 관련하여 관리 권한이 있는 IAM 사용자가 버킷이나 폴더를 만들어 파일을 업로드할 수 있습니다. 또한 **파일을 공유하는 기타 사용자를 추가하고 액세스 권한을 설정**합니다(그림 4-12).

다음 절에서는 1-8 절에서 설명한 IAM 사용자의 구체적인 예를 살펴보겠습니다.

그림 4-11   폴더를 만들고 파일을 업로드한다

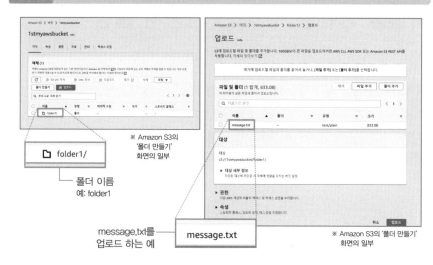

※ Amazon S3의 '폴더 만들기' 화면의 일부

📁 folder1/

폴더 이름
예: folder1

message.txt를
업로드 하는 예

message.txt

※ Amazon S3의 '폴더 만들기' 화면의 일부

Chapter
4

Amazon S3를 사용한다

그림 4-12   AWS 서비스에서는 항상 사용자 관리가 중요하다

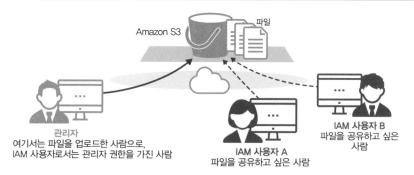

관리자
여기서는 파일을 업로드한 사람으로,
IAM 사용자로서는 관리자 권한을 가진 사람

IAM 사용자 A
파일을 공유하고 싶은 사람

IAM 사용자 B
파일을 공유하고 싶은 사람

- 파일 공유가 가능한 사용자로 IAM 사용자 A, B처럼 IAM 사용자를 만들어 추가하지 않으면 관리자만 파일을 공유할 수 있다.
- 각 사용자의 파일에 대한 액세스 권한도 지정해서 등록해야 한다.

Point
✔ 버킷 안에 폴더를 만들고 그 아래에 파일을 업로드한다.
✔ 파일 공유로 이용할 때는 사용자 관리 및 권한 설정도 필요하다.

파일을 공유할 수 있는 사용자 설정

IAM 사용자 생성 및 추가

Amazon S3의 버킷을 조직 등에서 파일 공유 도구로 사용하려면 사용자를 추가해야 합니다. 이 절에서는 IAM 사용자를 추가하여 파일 공유를 실현하는 예제를 살펴보겠습니다.

지금까지 Amazon S3에서 버킷을 만들고 후, 그 안에 폴더를 생성하고, 추가로 파일을 업로드해 보았습니다. 이 모든 작업은 Administrator 권한을 가진 IAM 사용자가 수행했습니다.

다음으로 파일을 공유할 사용자를 추가해 보겠습니다. 구체적으로 IAM 콘솔(IAM Management Console)에서 설정하는데, 사용자 관리로서 중요한 작업입니다.

여기서 추가하는 새로운 사용자에게는 'AmazonS3ReadOnlyAccess' 정책(권한)만 부여합니다(그림 4-13).

이 새로운 사용자로 로그인하면 Amazon S3 폴더의 파일을 열어 내용을 확인할 수 있고, 다운로드도 할 수 있습니다. 하지만 ReadOnlyAccess이기 때문에 파일 이름을 변경하려고 하면 액세스할 수 없다는 메시지가 표시됩니다(그림 4-14).

IAM 사용자 관리는 중요하다

이어서 단순한 실험이지만, 예를 들어 이 새로운 사용자의 정책을 'AmazonEC2 ReadOnlyAccess'와 같은 S3 버킷에 대해 아무런 권한이 없는 사용자로 변경해 보겠습니다. 다시 로그인해서 버킷에 접속해보면, 아까와 마찬가지로 접속 허가가 없는 메시지가 나타납니다.

이처럼 IAM 사용자의 등록과 정책 설정에 대해서는 주의를 기울여야 합니다. **IAM 사용자 설정과 관리는 다른 AWS 서비스에서도 필수적인 중요한 항목입니다.**

그림 4-13 | IAM 사용자 생성 및 추가 예

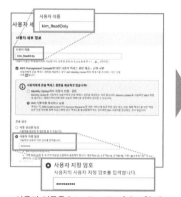

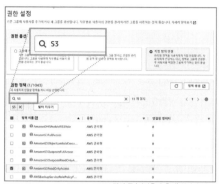

※ IAM 관리 콘솔 '사용자 추가' 화면의 일부

- 사용자 이름을 'kim_ReadOnly'라고 한 예
- 사용자 지정 암호를 선택하고 입력한다.

- 정책 필터에 S3를 입력하여 검색하면 Amazon S3와 관련된 정책이 표시된다.
- 여기서는 AmazonS3ReadOnlyAccess'를 선택했다.
- IAM 사용자 및 IAM 정책에 대해서는 9-2 절에서 다시 확인한다.

그림 4-14 | 적절한 정책이 부여되지 않으면

- AmazonS3ReadOnlyAccess 정책이 할당된 kim_ReadOnly 로 로그인하여 message.txt의 이름을 바꾸려고 해도 권한이 부족하다는 메시지가 표시되며 변경할 수 없다.

※ Amazon S3의 객체 이름 바꾸기 화면

Point

✔ IAM 사용자의 정책 설정을 통해 다양한 AWS 서비스에 대해 할 수 있는 작업과 할 수 있거나 없는 작업을 지정할 수 있다.

✔ IAM 사용자 설정 및 관리는 항상 필수적인 중요 사항이다.

외부와 일시적으로 파일 공유하기

URL을 이용한다

파일 공유 서비스 관점에서는 조직 내뿐만 아니라 외부 사람과 파일을 공유해야 하는 경우도 있습니다. 이런 경우에도 Amazon S3는 인터넷을 경유하는 스토리지의 특징을 살려 대응할 수 있습니다.

조직 내에서 파일을 공유하는 경우는 앞서 설명한 대로 IAM 유저를 추가함으로써 손쉽게 실현할 수 있었습니다. 하지만 외부인일 경우는 IAM 사용자로 등록하지 않고 다른 방법을 사용합니다.

예를 들어 Amazon S3의 버킷 및 폴더와 파일에는 고유한 객체 URL이 포함되어 있는데, 이 기능을 활용하는 것입니다(그림 4-15). S3에 업로드된 파일은 스토리지의 특성에서 **객체**라고 합니다(5-10 절 참조).

웹페이지로 공개한다

IAM 사용자 혹은 AWS 사용자가 아니더라도 이 URL에 접근할 수 있습니다. 상대방이 브라우저를 사용할 수 있다면 파일 종류나 상대방 보안 환경에 따라 다르지만, URL을 알려주는 것만으로 목적을 달성할 수 있습니다. 따라서 정적 웹페이지로서 이용할 경우에는 이 기능을 이용합니다. 단, 버킷이나 파일의 **퍼블릭 액세스**를 공개 설정해 둘 필요가 있습니다(그림 4-16).

이 설정으로 전 세계에 있는 인터넷 접속을 할 수 있는 사람은 모두 정보를 볼 수 있으므로, 리스크를 포함하여 그러한 상황임을 인식할 필요가 있습니다. 공개 설정 기능을 이용하는 경우와 마찬가지로 주의가 필요하지만, URL의 유효 기간을 매우 짧게 설정해서 외부에 안내하는 **서명된 URL**과 같은 방법도 있습니다.

그림 4-15 객체 URL의 예

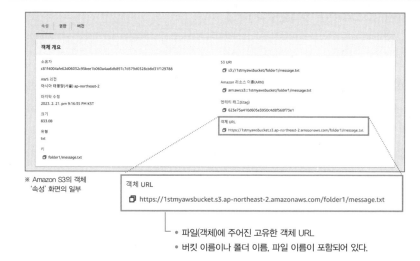

※ Amazon S3의 객체 '속성' 화면의 일부

객체 URL

📋 https://1stmyawsbucket.s3.ap-northeast-2.amazonaws.com/folder1/message.txt

└ • 파일(객체)에 주어진 고유한 객체 URL
• 버킷 이름이나 폴더 이름, 파일 이름이 포함되어 있다.

그림 4-16 파일 액세스 설정의 예

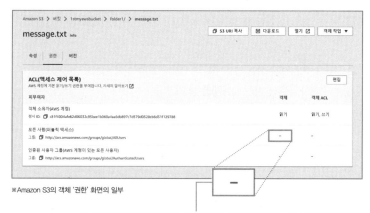

※Amazon S3의 객체 '권한' 화면의 일부

• 이 상태에서는 퍼블릭 액세스에 읽기가 표시되어 있지 않으므로 외부에서 액세스할 수 없다.
• '퍼블릭 액세스를 모두 차단'되어 있으므로, 차단을 해제하는 설정으로 변경할 필요가 있다.

Point

✔ 외부와 파일을 공유할 때는 객체 URL이나 서명된 URL을 이용하는 등의 방법이 있다.

✔ 퍼블릭 액세스 설정에서 웹페이지로서 이용할 수도 있지만, 위험도 있으므로 확인하고 이용한다.

백업으로서 이용하기

온프레미스의 시스템 백업

4-1 절에서 Amazon S3는 그 특성상 백업이나 대용량 파일 보관에 많이 사용된다고 말했습니다. **실제로 온프레미스 시스템의 백업에도 활용되고 있습니다.** 장애 발생 등에 대비하여 클라우드에 백업 데이터를 가지고 있다가 복구하는 방식입니다(그림 4-17).

Amazon S3는 초기부터 이런 형태가 많았고, 현재도 상당수 기업에서 이런 방식으로 이용하고 있습니다.

지금까지 읽어오면서 아마존 S3 작업과 IAM 사용자에 대한 이해가 깊어졌을 것입니다. 실제로 온프레미스 시스템 백업을 어떻게 구현하는지 간단히 살펴봅시다.

백업 준비

온프레미스 시스템 백업을 구현하는 절차는 크게 다음과 같은 단계로 구성됩니다(그림 4-18).

- ◆ **1단계** : 백업 전용 IAM 사용자 생성
  백업 처리 전용 관리자 권한을 가진 사용자를 생성한다.
- ◆ **2단계** : **AWS CLI**(Command Line Interface) 설치
  AWS CLI를 온프레미스 단말에 설치한다.
- ◆ **3단계** : 백업 전용 버킷을 만들고 및 CLI에서 스크립트 작성
  백업 전용 S3 버킷을 만들고 CLI에서 스크립트를 작성하여 실행한다.

여기서도 IAM 사용자에 대한 이해가 있어야만 S3의 백업을 이용할 수 있다는 것을 알 수 있습니다.

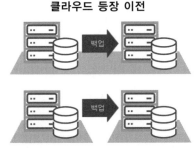

그림 4-17 온프레이스와 관련된 시스템 백업의 변천

클라우드 등장 이전

클라우드 등장 이후

Amazon S3

• 클라우드가 등장하기 이전의 온프레미스
 시스템에서는 동일한 사이트 혹은 다른
 사이트에서 반드시 정기적으로 백업을 했다.

• 클라우드 등장 이후에는 온프레미스 시스템에서
 클라우드 스토리지로의 백업이 보편화되었다.

그림 4-18 백업을 실현하는 절차의 예

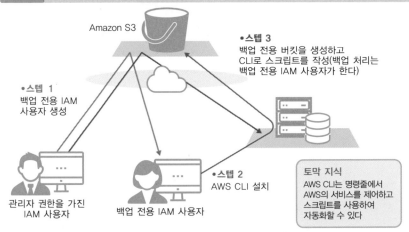

Amazon S3

•스텝 3
백업 전용 버킷을 생성하고
CLI로 스크립트를 작성(백업 처리는
백업 전용 IAM 사용자가 한다)

•스텝 1
백업 전용 IAM
사용자 생성

•스텝 2
AWS CLI 설치

토막 지식
AWS CLI는 명령줄에서
AWS의 서비스를 제어하고
스크립트를 사용하여
자동화할 수 있다

관리자 권한을 가진
IAM 사용자

백업 전용 IAM 사용자

• 'AWS S3 백업 CLI' 등으로 검색하면 AWS 공식 웹사이트 자습서를 볼 수 있다.
• 보통 CLI 커맨드로 S3에 데이터를 전송하면 인터넷을 경유하여 전송되므로, 백업 데이터의 기밀성이나 데이터
 용량에 따라서는 전용선을 이용한 전송 방식이나 다른 방식을 검토할 필요가 있다.

Point
✔ Amazon S3는 온프레미스 시스템의 백업으로도 널리 사용된다.
✔ 백업이라도 IAM 사용자 생성은 필수다. 뭔가 새로운 서비스를 추가할 때는
반드시 IAM 사용자에 대해 생각할 것.

파일 서버 구축

파일 서버를 구축하는 두 가지 사례 //////////////////////////////////

이 장에서는 S3를 이용한 파일 공유를 중심으로 설명했지만, 기업에서 이용할 때는 AWS 상에 파일 서버를 구축하기도 합니다.

AWS 상에서 파일 서버를 구축하는 간단한 예로는 다음 두 가지가 있습니다(그림 4-19).

- ◆ **관리형 서비스인 FSx for Windows**(Amazon FSx for Windows File Server)를 이용한다.
- ◆ Amazon EC2 + Amazon Elastic Block Store 등으로 **사용자가 직접 파일 서버를 구축한다.**

관리형 서비스는 특정 기능에 대해 즉시 사용할 수 있는 서비스이고, FSx for Windows는 파일 서버의 관리형 서비스입니다.

파일 서버는 전용선 연결이 기본이다 ////////////////////////////

파일 서버의 경우 온프레미스라면 기업 내 LAN을 통해 연결되는 것처럼 **기본적으로 인터넷을 거치지 않습니다.** 따라서 전용선과 연결하는 AWS Direct Connect를 통해 VPC의 프라이빗 서브넷에 있는 FSx나 EC2에 연결합니다(그림 4-20)(VPC 및 프라이빗 서브넷은 6장에서 설명합니다).

대기업 등에서는 Windows Server 외에도 Microsoft의 Active Directory를 이용하여 사용자를 관리하고 액세스를 제어하기도 하는데, 그런 경우에는 Active Directory의 자격 증명을 연계하는 서비스도 AWS에 준비되어 있습니다.

그림 4-19 파일 서버를 이용하는 두 가지 사례

관리형 서비스
이용

사용자가 직접
파일 서버 구축

Amazon FSx
for Windows File Server

Amazon EC2
+
Amazon Elastic Block Store 등

그림 4-20 파일 서버의 전체 구성

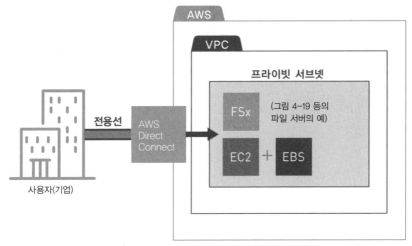

- 사용자와 AWS는 전용선으로 연결하고 VPC 상의
  프라이빗 서브넷에 접속한다.
- 마이크로소프트의 Active Directory를 이용하고 싶은
  경우에는 자격 증명을 연계하는 서비스가 준비되어 있다.

※ VPC와 프라이빗 서브넷에 관해서는 6-4 절에서 설명한다.

Point ✔ AWS 상에서 파일 서버를 구축하는 간단한 예로는 관리형 서비스를 사용하
는 경우와 사용자가 EC2 등에 직접 구축하는 경우가 있다.
✔ 파일 서버에는 기본적으로 인터넷을 거치지 않고 접속한다.

절차서를 작성한다

3장 후반부에서 웹 서버 구축에 대해 설명했습니다. 실제로 서버를 구축하려면 그림 3-34와 같은 정해진 작업에 대한 이해도 필요합니다. 절차서를 작성하면 그런 작업을 어떻게 구현해야 하는지 구체적으로 생각할 수 있어 이해가 깊어집니다.

여기서는 절차서 작성 방법에 대해 간접적으로 체험해 봅시다. EC2에서 첫 번째 인스턴스를 생성하는 경우를 상상해 보겠습니다.

인스턴스를 생성하는 절차서의 예

예1	❶ AMI 선택 ❷ 인스턴스 유형 선택 ❸ 인스턴스 설정 ❹ 스토리지 추가 ….
예2	먼저 EC2의 콘솔(대시보드)을 엽니다. 이어서 '인스턴스 시작'을 클릭합니다. 스텝 1의 Amazon 머신 이미지 화면이 표시됩니다. ….

여기서는 두 가지 예를 들었지만, 의외로 어려운 내용입니다.

이해하기 쉬운 절차서란?

문장으로만 전달하려면, 예2처럼 친절하게 작성해야만 전달된다는 것을 알 수 있습니다. 이 책에서도 소개해 왔지만, 화면 일부 등을 함께 사용하여 내용을 보충하는 것이 이해하기 쉽습니다. 클라우드 인티그레이터나 개인이 작성한 기사 등에서도 참고할 수 있는 내용이 많이 있습니다. 관심 있는 주제에 관해서는 훑어보는 것이 좋습니다.

Chapter 5

클라우드를 지원하는 기술

클라우드 사업자 관점에서

클라우드 서비스 분류

서비스로 분류하기

클라우드를 서비스로 분류할 때 IaaS, PaaS, SaaS라는 용어를 사용하기도 합니다.
AWS는 IaaS와 PaaS에 속하는데, 이 세 가지의 차이점은 다음과 같습니다(그림
5-1).

- ◆ **IaaS (Infrastructure as a Service)**

    클라우드 사업자가 서버와 네트워크 장비, OS를 제공하는 서비스로 미들웨어와 개발 환경
    그리고 애플리케이션은 사용자가 직접 설치해야 합니다.

- ◆ **PaaS (Platform as a Service)**

    IaaS에 데이터베이스 등 미들웨어와 애플리케이션 개발 환경이 추가됩니다.

- ◆ **SaaS (Software as a Service)**

    애플리케이션과 그 기능을 이용하는 서비스로, 사용자는 애플리케이션의 설정 및 변경 등
    을 합니다.

AWS는 SaaS를 직접 제공하지 않는다

3장에서처럼 EC2 인스턴스를 생성해서 이용하는 경우라면 IaaS에 해당하지만, 7장
이후에 설명하는 데이터베이스나 개발 환경과 같은 PaaS에 해당하는 서비스도 있습
니다. 1-13 절에서 설명했듯이 AWS는 파트너사가 서비스를 제공할 수 있게 해주는
기반 역할을 담당합니다. 따라서 특정 서비스를 클라우드 상에서 이용하고 싶다면
개별적으로 확인하거나 **파트너사의 서비스 목록을 제공하는 AWS SaaS Portal 등**
에서 확인할 수 있습니다(그림 5-2).

그림 5-1   IaaS, PaaS, SaaS의 관계

하드웨어	소프트웨어	소프트웨어	소프트웨어
서버나 네트워크 장비	OS : Windows Server, Linux 등	애플리케이션의 동작을 지원하는 미들웨어	업무 등의 애플리케이션

		소프트웨어	
		애플리케이션의 개발 환경	

IaaS

- 사용자가 직접 미들웨어, 개발 환경(필요한 경우), 애플리케이션을 준비하여 IaaS 서버상에 구현한다.
- 클라우드 사업자에 따라서는 IaaS에 옵션을 붙여 PaaS에 가까워지는 것도 있다.

PaaS

사용자는 애플리케이션을
PaaS 서버상에 구현한다.

SaaS
사용자는 사업자가 제공하는 애플리케이션을
이용하거나 설정하는 데 그친다.

그림 5-2   AWS SaaS Portal 화면

SaaS 파트너 기업의 예

AWS SaaS Portal 화면

AWS SaaS Portal
~ SaaS によるビジネス展開「成功のカギ」~

AWS SaaS Portal은 파트너 기업의 SaaS를 소개하고 있다.

출처 : AWS HP 「AWS SaaS Portal~ SaaS에 의한 사업 전개 '성공의 열쇠~'
(URL : https://aws.amazon.com/jp/local/isv-saas-portal/)

Point

✔ AWS는 IaaS 및 PaaS에 위치한다.

✔ SaaS는 파트너 회사에서 제공하며 AWS SaaS Portal에서 확인할 수 있다.
(일본).

Chapter
5

클라우드를 지원하는 기술

인재의 관점에서 생각하는
클라우드 서비스

사람에 따라 필요성이 달라진다 //////////////////////////////////////

AWS와 같은 클라우드 서비스를 활용하면, 정보시스템 종사자의 업무 효율화를 촉진하거나 새로운 서비스를 이용한 비즈니스 아이디어를 창출하는 효과 등을 얻을 수 있습니다.

클라우드를 이용함으로써 정보시스템과 관련된 **운영 담당자, 엔지니어, 최종 사용자**(그림 5-3)가 어떻게 변화하고 어떤 이점을 얻을 수 있는지 살펴보겠습니다(그림 5-4).

◆ **운영 담당자**

IT 장비가 클라우드 사업자의 서비스로 바뀌므로 장애 대응이나 유지보수, 상황에 따라서는 감시 업무에서도 해방될 수 있습니다. 하드웨어에 중점을 두면 IaaS가 되지만 PaaS, SaaS에서도 업무가 매우 편해집니다.

◆ **엔지니어**

PaaS라면 개발 환경이 포함되어 있습니다. 기존에는 개발 환경과 메인 시스템 환경 구축 규모나 타이밍 조정 과제가 있었지만, 클라우드에서는 수시로 변경할 수 있는 데다 최신 개발 환경도 제공되므로 안심할 수 있습니다.

◆ **최종 사용자**

SaaS를 이용하면 모바일 접근성 실현이나 한 군데로는 불안했던 시스템의 복수 리전화 등 시스템의 잠재 능력이 확실히 향상됩니다.

서비스 유형은 누구를 위한 것인지 결정한다 //////////////////////////

이 절에서는 누구를 위한 클라우드인가 하는 관점에서 설명했습니다. **이전하는 시스템이나 새로 도입하는 시스템의 클라우드화가 누구를 위한 것인지 명확히 말할 수 있다면, 이용할 서비스를 망설이지 않고 결정할 수 있습니다.**

그림 5-3   운영 담당자, 엔지니어, 최종 사용자의 관계

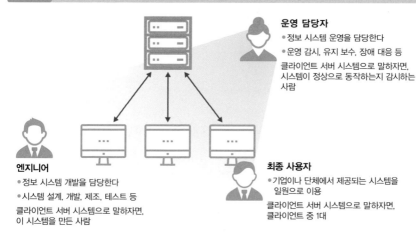

운영 담당자
- 정보 시스템 운영을 담당한다
- 운영 감시, 유지 보수, 장애 대응 등
클라이언트 서버 시스템으로 말하자면,
시스템이 정상으로 동작하는지 감시하는
사람

엔지니어
- 정보 시스템 개발을 담당한다
- 시스템 설계, 개발, 제조, 테스트 등
클라이언트 서버 시스템으로 말하자면,
이 시스템을 만든 사람

최종 사용자
- 기업이나 단체에서 제공되는 시스템을
일원으로 이용
클라이언트 서버 시스템으로 말하자면,
클라이언트 중 1대

Chapter
5

클라우드를 지원하는 기술

그림 5-4   운영 담당자, 엔지니어, 최종 사용자, 각각의 장점

운영 담당자가 주로 의식하는 부분
≒IaaS
장점 : 운영 감시, 장애 대응, 유지 보수 등에서 해방된다

하드웨어	소프트웨어	소프트웨어	소프트웨어
서버나 네트워크 장비	OS : Windows Server, Linux 등	애플리케이션의 동작을 지원하는 미들웨어 소프트웨어 애플리케이션 개발 환경	업무 등 애플리케이션

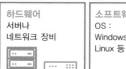

엔지니어가 주로 의식하는 부분
≒PaaS

장점 : 메인 시스템, 개발 환경 구축

최종 사용자가 주로
의식하는 부분 ≒SaaS

장점 : 더욱 편리해진다

Point
- ✔ 엔지니어에게 PaaS는 고마운 존재다.
- ✔ 클라우드화에 대한 요구는 각각 다르지만, 사람의 관점에서 보면 이해하기 쉽다.

가상의 사업장 실현

상자 임대와 방 임대 //

클라우드 사업자의 서비스는 서버와 스토리지 등을 이용할 수 있는(IaaS), 개발 환경까지 포함하는(PaaS), 또는 완성된 애플리케이션을 이용할 수 있는(SaaS) 등으로 생각할 수 있습니다. 2-8 절에서 설명한 **프라이빗 클라우드를 퍼블릭 클라우드상에서 구현하는 가상 네트워크 서비스를 VPC**(Virtual Private Cloud)라고 합니다(그림 5-5).

VPC는 클라우드상에 데이터센터에 해당하는 가상공간을 만들고, 그 안에 서버와 스토리지(IaaS)를 배치하거나 VPC 안에서 PaaS를 이용할 수 있습니다.

회사의 데이터센터는 물리적으로 존재하는 사업장이지만, VPC로 구현되는 프라이빗 클라우드의 데이터센터는 비유하자면 가상의 사업장입니다. 금융기관 등에서 인터넷상의 점포나 홈페이지를 ○○은행 온라인 창구(지점) 등으로 명명하는 경우가 있는데, 정말 인터넷상에 펼쳐지는 사업장입니다.

가상 네트워크에 연결 //

VPC에서 클라우드 사업자의 데이터센터에 구축된 가상 네트워크와 자사의 네트워크는 VPN이나 전용선 등으로 연결됩니다.

6-5 절에서 설명하겠지만, VPC 내 가상 서버 및 네트워크 장비는 프라이빗 IP 주소를 할당할 수 있습니다. **회사 네트워크 내에서 서버 등의 IP 주소를 지정하고 액세스하는 것과 같은 방식으로 연결할 수 있습니다**(그림 5-6).

프라이빗 클라우드를 구축하고 싶지만, 우선 소규모로 혹은 제한적으로 시작하고 싶을 때는 VPC를 염두에 두고 진행하는 것도 좋습니다.

그림 5-5   VPC가 실현하는 것

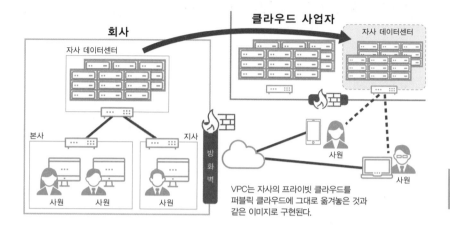

VPC는 자사의 프라이빗 클라우드를
퍼블릭 클라우드에 그대로 옮겨놓은 것과
같은 이미지로 구현된다.

그림 5-6   VPC의 구조

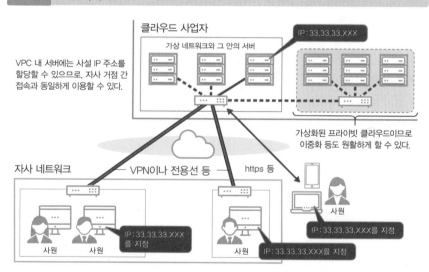

VPC 내 서버에는 사설 IP 주소를
할당할 수 있으므로, 자사 거점 간
접속과 동일하게 이용할 수 있다.

가상화된 프라이빗 클라우드이므로
이중화 등도 원활하게 할 수 있다.

Point

✔ VPC를 사용하면 프라이빗 클라우드도 퍼블릭 클라우드에서 구현할 수 있다.

✔ VPC는 네트워크의 IT 리소스에 액세스하는 것과 유사한 방식으로 연결할 수
있다.

대량의 IT 리소스를 제어하는 구조

컨트롤러의 존재

이 절에서는 일반적인 클라우드 사업자가 IT 리소스를 어떻게 관리하는지 설명합니다. 이 절 이후에서 클라우드 서비스가 어떻게 실현되고 있는지 확인할 때 참고하세요.

클라우드 사업자의 데이터센터에는 **컨트롤러**라고 불리는 서버가 있어, **서비스를 중앙에서 관리하고 운영**합니다. 컨트롤러는 가상 서버 관리나 사용자 인증 등을 일원적으로 수행하고 있어, **클라이언트 서버 시스템에서 서버와 같은 존재**입니다.

컨트롤러 서버가 다른 다수의 서버, 스토리지, 네트워크 장비 등을 관리합니다(그림 5-7). 따라서 컨트롤러는 클라우드 서비스를 실현하는 데 반드시 필요한 기능입니다. 만약 자체적으로 프라이빗 클라우드 구축을 고려한다면 컨트롤러와 이러한 기능을 갖춘 소프트웨어에 대한 학습이 필요합니다.

컨트롤러에 반드시 필요한 기능

컨트롤러가 어떤 기능을 가지고 있는지 간단히 살펴보겠습니다. 각종 소프트웨어에 필수적인 기능을 정리하면 다음과 같습니다.

- ◆ 가상 서버, 네트워크, 스토리지 관리(그림 5-8)
- ◆ 리소스 할당(사용자 할당)
- ◆ 사용자 인증
- ◆ 가동 상황 관리

컨트롤러는 대량의 서버 등을 관리하기 위해 물론 데이터베이스 등도 이용합니다. 컨트롤러는 서버 안의 서버인데, 기본적으로 클라이언트 서버 시스템의 서버와 비슷합니다.

그림 5-7 컨트롤러의 개념

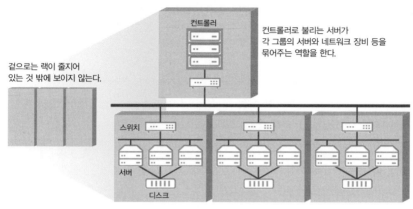

컨트롤러

컨트롤러로 불리는 서버가
각 그룹의 서버와 네트워크 장비 등을
묶어주는 역할을 한다.

겉으로는 랙이 줄지어
있는 것 밖에 보이지 않는다.

스위치

서버

디스크

이것은 프라이빗 등 제한된 규모의 구성이다.

그림 5-8 컨트롤러의 주요 기능

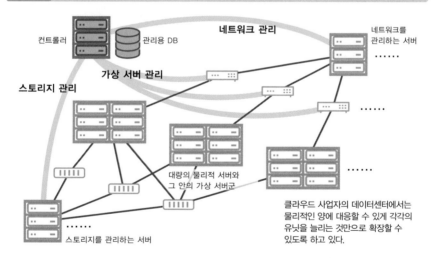

컨트롤러

관리용 DB

네트워크 관리

네트워크를
관리하는 서버

가상 서버 관리

스토리지 관리

대량의 물리적 서버와
그 안의 가상 서버군

클라우드 사업자의 데이터센터에서는
물리적인 양에 대응할 수 있게 각각의
유닛을 늘리는 것만으로 확장할 수
있도록 하고 있다.

스토리지를 관리하는 서버

Point

✔ 클라우드 서비스에는 대량의 서비스를 관리하는 컨트롤러라는 서버가 존재
한다.

✔ 컨트롤러는 클라이언트 서버 시스템에서 서버와 같은 역할을 한다.

IaaS의 기반이 되는 소프트웨어

IaaS를 실현하는 소프트웨어

5-1 절에서 클라우드의 기본이 되는 IaaS에 대해 설명했습니다. 또한, 5-4 절에서는 클라우드 사업자의 IT 리소스 관리에 대해서도 설명했습니다.

클라우드를 비즈니스로서 시작하려는 기업이나 자체적으로 IaaS 환경을 구축하고자 하는 기업들이 어떤 방식을 사용하고 있는지는 흥미로운 주제인데, 실제로는 기반이 되는 소프트웨어가 있습니다.

대표적인 것이 **오픈스택(OpenStack)**이고, 오픈스택은 오픈소스 **IaaS를 위한 기반 소프트웨어**입니다. 비영리 단체인 Open Infrastructure Foundation이 커뮤니티로서 개발을 지원하며, 주요 통신사와 IT 벤더, 인터넷 기업 등이 참여하고 있습니다. 오픈스택은 특정 벤더에 종속되지 않는 업계 표준을 지향합니다. RedHat 등에서는 유료 상용 버전도 제공합니다(그림 5-9).

오픈스택 구성으로 본 클라우드 서비스

오픈스택은 주로 다음 컴포넌트로 구성됩니다. 사람처럼 이름을 붙이는 것도 흥미로운 점입니다(그림 5-10).

- ◆ Horizon : 운영 관리 도구(GUI)
- ◆ Nova : 가상 서버 제어
- ◆ Neutron : 가상 네트워크 제어
- ◆ Cinder, Swift : 가상 스토리지 기능
- ◆ Keystone : ID 관리

외부 서비스나 소프트웨어와 연계할 수도 있습니다. 오픈스택은 크게 **클라우드 내부 기반과 외부용 서비스로 구성되어 있습니다.**

그림 5-9   Open Infrastructure Foundation의 개요

- Open Infrastructure Foundation은 2012년 출범한 비영리단체
- 오픈소스 관련 단체 리눅스에 이어 세계 2위 규모
- 600개가 넘는 유명 기업이 참여
- 플래티넘 멤버로는 AT&T, ERICSSON, 화웨이, 인텔, 레드햇, SUSE 등, 골드 멤버 중 IT 대기업으로는 CISCO, DELLEMC, NEC 등, 코퍼레이트 스폰서로는 후지쯔, 히타치, IBM, NTT 커뮤니케이션즈, SAP 등이 있다.
- 주요 배포사로는 RedHat OpenStackPlatform, Ubuntu OpenStack, SUSE OpenStack, HPE Helion OpenStack 등이 있다.

토막 지식

- 오픈스택은 개발이 진행 중이라 반년마다 업데이트가 필요하고, 업데이트하지 않으면 1년 만에 EOL(End of Life)을 맞이한다.
- 배포판은 3~5년의 긴 기간 지원을 제공하므로, 이를 통해 기업 시스템의 라이프 사이클에 맞출 수 있다.

그림 5-10   오픈스택의 컴포넌트 개요

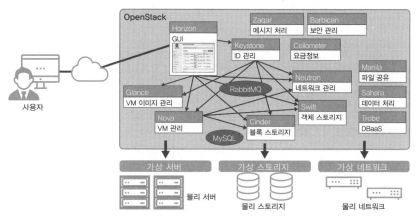

컴포넌트	기능
Horizon	서비스 포털 (사용자용 GUI)
Nova	컴퓨팅 리소스 관리
Neutron	가상 네트워크 기능
Cinder	가상 스토리지 기능(블록 디바이스 스토리지)
Swift	가상 스토리지 기능(객체 스토리지 기능)
Keystone	통합 인증 기능

컴포넌트	기능
Glance	가상 머신 이미지 관리
Ceilometer	리소스 이용 상황 측정(요금부과)
Sahara	데이터 처리 / 해석기능
Ironic	베어메탈 프로비저닝(물리 머신 할당)
Zaqar	메시지 처리 기능
Barbican	보안 관리 기능
Manila	파일 공유 시스템

Point

✔ IaaS 기반 소프트웨어로 오픈스택(OpenStack)이 있다.

✔ 오픈스택은 클라우드 내부 기반과 외부용 서비스로 구성된다.

PaaS의 기반이 되는 소프트웨어

PaaS를 실현하는 소프트웨어

오픈스택은 IaaS의 기반으로 사실상 표준으로 자리잡고 있고, **PaaS와 관련해서도 오픈소스 기반 소프트웨어가 있습니다.**

5-1 절에서 PaaS와 IaaS의 차이점은 개발 환경의 유무라고 설명했습니다. PaaS에서는 Python, Ruby 등을 비롯한 개발 언어, 개발 프레임워크, 데이터베이스 등도 사용할 수 있게 되어 있습니다.

대표적인 예로는 **Cloud Foundry**가 있습니다. 처음에는 가상화 소프트웨어로 유명한 VMWare에서 개발했지만, 현재는 IT 대기업이 다수 개발에 참여하는 Cloud Foundry Foundation에 이관되었습니다. Cloud Foundry를 활용하여 PaaS를 제공하는 사업자의 이름도 공개되어 있습니다(그림 5-11).

Cloud Foundry의 편리함

Cloud Foundry를 이용하는 효과로는 **개발 효율성 향상**을 들 수 있습니다. 데이터베이스 소프트웨어를 이용하는 애플리케이션을 개발하려면 서버에 데이터베이스 소프트웨어, 개발 언어, 필요한 경우 프레임워크 등을 설치하고 불러올 수 있는 환경이어야 합니다.

예를 들어, 클라우드 Cloud Foundry 상에서 앱을 개발하고 개발 환경에서 데이터베이를 호출할 때 사용자별 액세스 ID가 배포되므로 해당 ID만 입력하면 데이터베이스에 연결할 수 있습니다. 또한, 애플리케이션 출시 후 업데이트 및 백업 등도 비교적 간편하게 할 수 있습니다(그림 5-12).

RedHat에서 제공하는 Openshift 등도 PaaS 기반 소프트웨어로 불리기도 하지만, 최근 화제가 되는 컨테이너 환경에서 애플리케이션을 개발한다는 특징이 있어 그런 면에서 포지셔닝은 다를 수 있습니다.

그림 5-11　Cloud Foundry의 개요

2011년　VMWare사가 PaaS 기반으로 제공 개시
2014년　Cloud Foundry Foundation 설립
　　　　EMC, HP, IBM, SAP, VMWare, 히타치, 후지쯔, NTT 그룹, 도시바 등의 유명 기업이 참가

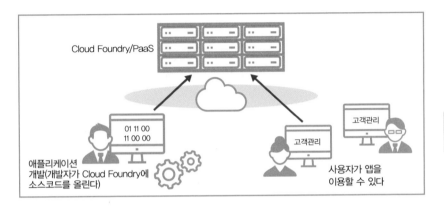

Cloud Foundry/PaaS

애플리케이션
개발(개발자가 Cloud Foundry에
소스코드를 올린다)

고객관리

고객관리

사용자가 앱을
이용할 수 있다

그림 5-12　Cloud Foundry의 기본 서비스

애플리케이션 실행 환경 제공	Python, Ruby, Java 등 각종 언어로 개발한 애플리케이션의 실행 환경을 제공한다
서비스 연동	가상 서버에 설치해 각 애플리케이션에서 호출할 수 있게 한다
스케일링과 부하 분산	가상 서버 증감, 애플리케이션 처리에 맞게 각각의 가상 서버로 분산한다
모니터링 / 복구	애플리케이션 상황 모니터링과 장애 시 자동 복구 등

● 기본 서비스 등에는 개발자용 GUI가 제공된다.
● 데이터베이스나 로그 수집과 같은 서비스도 추가할 수 있다.
● 각종 커맨드가 충실하고 개발자용 사양을 갖추고 있다.

Point

✔ IaaS와 마찬가지로 PaaS에도 기반 소프트웨어가 존재한다.
✔ Cloud Foundry를 이용하는 효과로는 개발 효율 향상을 들 수 있다.

서버 가상화 기술 동향

대표적인 서버 가상화 기술

이 절에서는 가상 서버의 기술 동향을 살펴보겠습니다. 가상화 기술의 트렌드도 지난 몇 년 사이 계속해서 변화하고 있습니다. 지금까지 가상화 분야를 선도해 온 제품은 VMWare vSphere Hypervisor, Hyper-V, Xen, Linux의 기능 중 하나인 KVM 등입니다. 이들은 **하이퍼바이저형**으로도 불립니다.

하이퍼바이저형은 **현재 가상화 소프트웨어의 대다수**를 차지하고 있는데, 물리적인 서버상에서의 가상화 소프트웨어로서 그 위에 Linux나 Windows 등의 게스트 OS를 올려 구동합니다. 게스트 OS와 애플리케이션으로 구성된 가상 서버가 호스트 OS의 영향을 받지 않도록 작동하므로 여러 가상 서버를 효율적으로 실행할 수 있습니다. 하이퍼바이저형이 주류가 되기 이전에는 **호스트 OS형**도 있었지만, 처리 속도 저하 등이 일어나기 쉬워, 현재는 일부의 미션 크리티컬한 시스템에서 사용되는 등 제한적으로 사용되고 있습니다(그림 5-13).

앞으로 주류가 될 가능성이 높은 컨테이너형

가상화 기술 중 **앞으로의 주류**가 될 것으로 예상되는 형태가 **컨테이너형**입니다. 컨테이너를 만드는 데는 **도커(Docker)**라는 소프트웨어를 사용합니다.

컨테이너형 구성에서 게스트 OS는 호스트 OS의 커널 기능을 공유함으로써 **경량화**합니다. 컨테이너 내 게스트 OS는 필요 최소한의 라이브러리만 포함하기에 CPU와 메모리에 대한 부하가 적고 빠르게 처리할 수 있습니다. 애플리케이션이 원활하게 실행되며 리소스를 효율적으로 사용할 수 있습니다. 또한 가상 서버 패키지를 작고 가볍게 만들 수 있다는 것도 장점입니다. 각 서버에 환경이 구축되어 있으면 **컨테이너 단위로 다른 서버로 이전할 수도 있습니다**(그림 5-14).

그림 5-13 하이퍼바이저형과 호스트 OS형

하이퍼바이저형

가상 서버

애플리케이션　애플리케이션

게스트 OS

가상 서버

애플리케이션　애플리케이션

게스트 OS

가상화 소프트웨어

OS

물리 서버

●OS와 가상화 소프트웨어가 거의
　일체이므로 완전한 가상 환경을 제공한다.
●고장 발생 시 가상화 소프트웨어
　문제인지 OS 문제인지 파악하기 어렵다.
●비교적 새로운 시스템에 많다.

호스트 OS형

가상 서버

애플리케이션　애플리케이션

게스트 OS

가상 서버

애플리케이션　애플리케이션

게스트 OS

가상화 소프트웨어

OS

물리 서버

●가상 서버에서 물리 서버에 접속할 때
　호스트 OS를 경유하므로 속도 저하 등이 발생하기 쉽다.
●장애 발생 시 원인 파악은 하이퍼바이저형보다
　쉽게 할 수 있다.

그림 5-14 컨테이너형과 컨테이너 단위 이전

컨테이너형

컨테이너

애플리케이션

게스트 OS

컨테이너

애플리케이션

게스트 OS

가상화 소프트웨어(Docker)

커널 기능
호스트 OS형

물리 서버

컨테이너1

애플리케이션

컨테이너2

애플리케이션

컨테이너2

애플리케이션

Docker

Docker

●가상화 소프트웨어(Docker)가 하나의 OS를 컨테이너라는
　사용자를 위한 상자로 분할한다.
●상자별로 물리적 서버 리소스를 독립적으로 사용할 수 있다.
●컨테이너의 게스트 OS는 호스트 OS의 커널 기능을 공유할
　수 있다.

●Docker 환경만 있으면 비교적 원활하게 이전할 수 있다.
●애플리케이션 단위로 이전할 수 있어 관리도 용이하다.
●상급자가 되면 1앱 1컨테이너로 시스템을 구축하지만, 현실적으로
　1앱 복수 컨테이너로 만드는 경우가 많다.

Point

✔ 서버 가상화 기술은 하이퍼바이저형이 다수를 차지한다.
✔ 앞으로는 컨테이너형이 주류가 될 것이라고 하는데, 가상 서버를 경량화할
　수 있고 컨테이너 단위로 이전할 수 있는 특징이 있다.

컨테이너 관리

웹 시스템에서의 컨테이너 구현 사례

앞 절에서 설명한 컨테이너 구조를 **활용하면 서비스나 기능별로 컨테이너를 생성하여 각각의 가상 서버를 구축**할 수도 있습니다.

웹 시스템을 예로 들면, 인증, DB, 데이터 분석, 데이터 표시 등의 서비스별로 컨테이너를 만듭니다. 각 서비스와 응용 프로그램이 OSS(Open source software)를 사용하고 있으므로, 자주 버전 및 레벨 업 업데이트 작업이 필요하지만, 미리 별도의 가상 서버로 작업해 두면 다른 서버에 영향을 주지 않고 원활하게 업데이트할 수 있습니다.

일련의 컨테이너 관리

Docker와 네트워크 환경만 있다면, 각 서비스의 컨테이너를 반드시 동일한 물리 서버에 설치할 필요는 없습니다. 다만, 일련의 서비스를 관리하고 어떤 순서로 서비스를 구동할 것인지 등 서로 다른 서버에 존재하는 컨테이너의 관계를 관리하는 **오케스트레이션**이 필요합니다(그림 5-15).

대표적인 오케스트레이션 OSS로는 **Kubernetes**(쿠버네티스)가 있습니다. 쿠버네티스와 같은 소프트웨어가 있으면 컨테이너가 어디에 있든 상관없으므로 대량의 데이터 분석에 강한 고성능 서버, 인증에 특화된 보급형 서버 등으로 나눌 수도 있습니다. 또한 다른 클라우드 사업자 사이에 걸쳐 있을 수도 있습니다(그림 5-16).

AWS에서는 Docker 컨테이너를 지원하며, 쿠버네티스와 호환되는 서비스도 제공합니다. 대표적인 서비스로는 Amazon Elastic Container Service(ECS)와 Amazon Elastic Kubernetes Service(EKS)가 있습니다.

그림 5-15 컨테이너 구현 사례

실제 애플리케이션의
예로 생각해 보면,
애플리케이션이 다른
서버에 존재하더라도
인증 → DB → 분석 →
표시 순서대로
동작시키고 싶다.

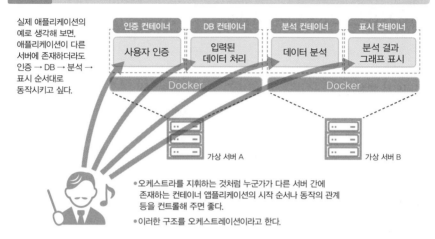

인증 컨테이너	DB 컨테이너	분석 컨테이너	표시 컨테이너
사용자 인증	입력된 데이터 처리	데이터 분석	분석 결과 그래프 표시

Docker　　　　　　　Docker

가상 서버 A　　　　　가상 서버 B

- 오케스트라를 지휘하는 것처럼 누군가가 다른 서버 간에
  존재하는 컨테이너 앱플리케이션의 시작 순서나 동작의 관계
  등을 컨트롤해 주면 좋다.
- 이러한 구조를 오케스트레이션이라고 한다.

그림 5-16 쿠버네티스 기능의 개요

- 쿠버네티스가 각 컨테이너의 관계나
  동작을 컨트롤한다.
- 물리 서버는 변하지 않지만, 가상 서버와
  컨테이너는 더 나은 환경을 찾아
  움직인다.

컨테이너는 서버의 성능이나
부하 혹은 사용자의 이용
상황에 따라 가상 서버에서
유연하게 배치가 변경된다.

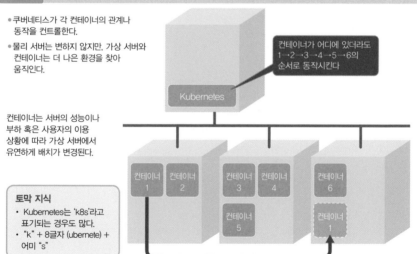

컨테이너가 어디에 있더라도
1→2→3→4→5→6의
순서로 동작시킨다

Kubernetes

컨테이너 1 / 컨테이너 2 / 컨테이너 3 / 컨테이너 4 / 컨테이너 6 / 컨테이너 5 / 컨테이너 1

토막 지식
- Kubernetes는 'k8s'라고
  표기되는 경우도 많다.
- "k" + 8글자 (ubernete) +
  어미 "s"

Point

✔ 서비스나 기능별로 컨테이너를 생성해 다른 물리 서버에 둘 수도 있다.

✔ Docker와 Kubernetes는 컨테이너를 이야기할 때 필수적인 소프트웨어다.

클라우드의 스토리지

서버에서 본 디스크

클라우드 사업자 데이터센터에서는 전용 랙에 탑재하는 랙 마운트 서버가 주류입니다. 그 외의 서버 형태로서는 사무실 등에서 자주 볼 수 있는 타워형이나 집적의 효율화를 추구한 고밀도 형태가 있습니다.

타워형 서버에는 CPU, 메모리, 디스크가 타워 형태의 케이스 안에 내장되어 있습니다. 랙 마운트의 경우는 랙에 탑재하기 위해 타워가 가로 형태로 되어 있지만 구성은 동일합니다.

고밀도는 하나의 케이스 안에 소형 서버 노드를 여러 대 설치할 수 있습니다. 디스크는 서버 노드 밖에 설치되며, 서버 노드는 주로 CPU와 메모리로 구성됩니다(그림 5-17).

서버의 디스크에 대해 좀 더 설명하자면 RAID(Redundant Array of Independent Disks)와 SAS(Serial Attached SCSI), iSCSI를 조합한 구조가 대다수입니다.

스토리지를 주역으로 한 구성

서버와 스토리지가 1:1로 연결된 상태를 **DAS**(Direct Attached Storage)라고 하는데, 시스템이나 데이터양이 적으면 DAS가 효과적입니다. 이전에는 데이터센터에서 주로 **SAN**(Storage Area Network)을 이용했고, **NAS**(Network Attached Storage)가 그 뒤를 이었습니다. 3-7 절에서 설명한 Amazon EBS는 EC2에서 보면 DAS이고, 또 다른 스토리지 서비스인 Amazon Elastic File System(EFS)은 NAS라고 할 수 있습니다. 최근에는 대용량이나 백업에 대한 요구로 Amazon S3와 같은 **객체 스토리지**(다음 절 참조)가 증가하고 있습니다(그림 5-18).

그림 5-17 타워, 랙 마운트, 고밀도 구조의 차이

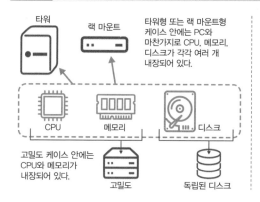

타워

랙 마운트

타워형 또는 랙 마운트형 케이스 안에는 PC와 마찬가지로 CPU, 메모리, 디스크가 각각 여러 개 내장되어 있다.

CPU

메모리

디스크

고밀도 케이스 안에는 CPU와 메모리가 내장되어 있다.

고밀도

독립된 디스크

참고 : 서버의 디스크

SAS : 두 개의 포트가 있다. CPU와 두 개의 경로가 있어 성능 및 신뢰성이 높다. 참고로 SATA의 포트는 1개다.

RAID : 물리적으로 여러 장의 디스크를 가상으로 하나의 디스크처럼 만들어 적절한 위치에 데이터를 기록하는 방식이다.

Chapter **5**

클라우드를 지원하는 기술

그림 5-18 DAS, SAN, NAS, 객체 스토리지의 차이

DAS의 구성 이미지

각 서버 안에 디스크가 내장되어 있다.

장점
구성이 단순하고 활용이 용이하다.

단점
● 전체 용량의 효율적 확장은 어렵다.
● 서버와 디스크의 관계가 고정적이다.

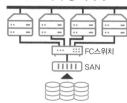

SAN의 구성 이미지

FC스위치

SAN

모든 서버용 디스크가 내장되어 있다.

장점
● 효율적인 디스크 이용
● 디스크 증설이 쉽다.

단점
FC 등 비용이 높다.

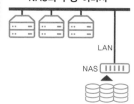

NAS의 구성 이미지

LAN

NAS

NAS에 모든 서버용 디스크가 내장되어 있다.

장점
● 효율적인 디스크 이용
● 디스크 증설이 쉽다.

단점
디스크 액세스가 빠르지 않다.

객체 스토리지의 구성 이미지

DAS, SAN, NAS를 기존 스토리지 시스템의 상식이라고 하면(서버에 대해 디스크 용량을 어느 정도 예측할 수 있다), 기존 상식을 뒤집는 새로운 스토리지 시스템이 등장했다(디스크가 커져서 용량을 예측할 수 없다, 끝없이 늘어나는 동영상 파일 등).

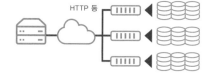

HTTP 등

Point

✔ 데이터센터에서는 전용 랙에 탑재하는 랙 마운트 서버가 주류다.

✔ 이전 데이터센터에서는 SAN과 NAS가 주류였으나, 최근에는 객체 스토리지가 증가하고 있다.

스토리지 기술의 개요

클라우드의 스토리지

스토리지의 물리적 구성으로는 앞 절에서 설명한 것처럼 DAS, SAN, NAS 및 **객체 스토리지**가 있습니다. 클라우드에서는 기존의 SAN이나 NAS로부터 객체 스토리지 활용이 늘고 있다는 것도 설명했습니다. 이 절에서는 객체 스토리지에 대한 이해를 돕기 위해 스토리지에 데이터를 저장하고 액세스하는 방법을 정리합니다.

객체 스토리지의 특징

그림 5-19에 각각의 특징을 정리했습니다. 파일 서버는 디렉터리와 같은 계층 구조로 데이터를 관리하는데, 데이터를 파일별로 관리하는 것을 **파일 스토리지**라고 합니다. 이 방식은 NAS 등에서 이용됩니다.

블록 스토리지는 주로 SAN에서 이용되며 데이터를 일정한 크기(블록)로 구분해 관리하므로 빠른 통신이 가능합니다.

객체 스토리지는 그림 5-20처럼 데이터를 파일이나 블록 단위가 아닌 **객체라는 단위로 다룹니다.** 스토리지 풀이라고 불리는 통에 오브젝트가 생성되면 고유 ID와 메타 데이터로 관리됩니다.

좀 더 쉽게 이해할 수 있도록 객체 스토리지가 파일 스토리지보다 우수한 점을 들면, 첫 번째는 저장 위치 변경이나 **스케일 아웃이 용이하다는 점**입니다. 두 번째는 프로토콜이 HTTPS이므로 **데이터센터를 통해서도 원활하게 대응할 수 있는 점**입니다. 이러한 특징 덕분에 객체 스토리지는 클라우드 시대의 스토리지로 널리 사용되고 있습니다.

그림 5-19 객체, 파일, 블록 스토리지의 개요

	객체 스토리지	파일 스토리지	블록 스토리지
단위	객체	파일	블록
프로토콜	HTTP/REST	CIFS, NFS	FC, SCSI
물리 인터페이스	이더넷	이더넷	파이버 채널, 이더넷
적성	대용량 데이터, 갱신빈도가 낮은 데이터	공유 파일	트랜잭션 데이터
특징	확장성, 데이터센터	관리하기 쉽다	높은 성능과 신뢰성

- REST: Representational State Transfer
  객체 스토리지에서는 HTTP 통신을 스토리지에 대한 조작으로서 명확화
- CIFS: Common Internet File System, NFS: Network File System
  파일 공유 서비스 프로토콜

그림 5-20 객체 스토리지의 특징

객체 스토리지

- 저장 위치에 의존하지 않는다.
- 다소 느슨하게 관리되는 객체
- 메타 데이터로 구분하므로 이동도 간단하다.
- 다른 스토리지로 변경하기도 쉽다.

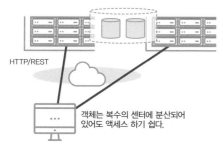

HTTP/REST

객체는 복수의 센터에 분산되어 있어도 액세스 하기 쉽다.

파일 스토리지

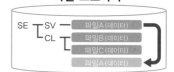

질서정연한 계층 구조이지만,
파일에 속성 정보(메타데이터)가
없어 저장 위치 변경이 어렵다.

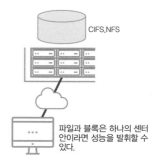

CIFS, NFS

파일과 블록은 하나의 센터 안이라면 성능을 발휘할 수 있다.

Point

✔ 객체 스토리지는 데이터를 객체 단위로 다룬다.

✔ 객체 스토리지는 스케일 아웃이 쉽고 복수의 데이터센터로 분산시킬 수 있어 클라우드에 적합하다.

Chapter 5
클라우드를 지원하는 기술

5-11 VLAN

네트워크 가상화 ①
~가까운 LAN의 가상화 ~

LAN 가상화

지금까지 클라우드 서비스를 뒷받침하는 서버 및 스토리지 기술에 관해 설명했는데, **대량의 IT 장비를 효율적으로 연결하는 네트워크 가상화 기술도 클라우드 서비스를 뒷받침합니다.**

기본적인 기술 중 하나로 **VLAN**(Virtual LAN: Virtual LAN)이 있습니다. VLAN은 하나의 물리 LAN을 여러 개의 가상 LAN으로 분할하는 것입니다. 마치 하나의 물리 서버에 여러 대의 가상 서버를 구축하는 것에 가까운 이미지입니다.

실제로 흔히 볼 수 있는 예로 생각해 보겠습니다. 어떤 기업에 인사총무부가 있고 하나의 조직으로서 하나의 LAN을 구성했습니다. 그런데 조직이 변경되어 인사부와 총무부로 나눠야 한다고 가정합시다. 기존 방식이라면 네트워크 장비를 추가하여 두 개의 LAN을 구축하겠지만, 물리적으로 장비를 증설하지 않고 VLAN을 설정함으로써 가상으로 두 개의 LAN을 만들 수도 있습니다(그림 5-21).

실제 구축은 VLAN 기능이 있는 스위치로 설정하여 구현되지만, **네트워크 장비의 물리 구성을 변경하지 않는 전제라면 유용한 기술**입니다.

소프트웨어를 활용한 실현

VLAN은 실용적이고 편리한 기술이지만, 규격 상 4,096개까지만 확장할 수 있다는 문제가 있습니다. 따라서, 데이터센터에 IT 장비가 늘어날수록 VLAN은 확장의 한계가 명확히 드러납니다. 급격한 요구에 따라 데이터센터 자체를 늘려야 할 때는 데이터센터 간 분산 배치나 대응 등 고도의 네트워크 기능과 높은 성능이 필요합니다. 클라우드의 데이터센터 확대 및 증가로 인해 새로운 기술의 등장이 요구되어 왔습니다(그림 5-22).

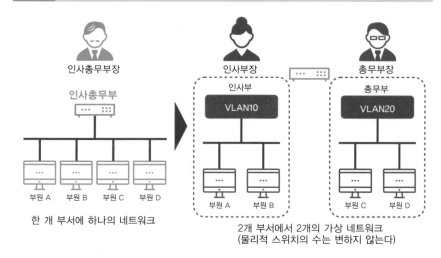

그림 5-21 VLAN을 이용한 가상 네트워크 분할

인사총무부장

인사총무부

부원 A 부원 B 부원 C 부원 D

한 개 부서에 하나의 네트워크

인사부장

인사부

VLAN10

부원 A 부원 B

총무부장

총무부

VLAN20

부원 C 부원 D

2개 부서에서 2개의 가상 네트워크
(물리적 스위치의 수는 변하지 않는다)

그림 5-22 VLAN의 과제와 클라우드 비즈니스의 과제

과제		해결책
VLAN의 기술적인 과제	VLAN은 4,096개까지만 확장할 수 있다	VLAN + SDN(다음 절에서 설명) 등 새로운 기술과의 조합
클라우드 비즈니스 상의 과제	데이터센터 자체가 늘어남에 따라 데이터센터 간 분산 배치와 이에 대한 대응 등 고도의 네트워크 기능이 요구된다.	
	방화벽 영역에서 한층 더 고도화된 설정이 요구된다.	

Point

✔ 네트워크 가상화의 대표적인 예로 VLAN이 있다.

✔ VLAN을 통한 네트워크 분할은 물리적 구성을 변경하지 않는다면 상당히 효과적인 기술이다.

네트워크 가상화 ②
~ 소프트웨어를 이용한 가상화 실현 ~

소프트웨어로 네트워크 가상화 실현

앞 절에서 설명한 VLAN은 네트워크 장비를 중심으로 한 기술이지만, **소프트웨어로 네트워크 가상화를 구현하는 기술**도 있습니다. 이런 기술을 **SDN**(Software-Defined Networking)이라고 하는데, 서버상의 SDN 소프트웨어로 네트워크 기능을 조작합니다.

Open Network Foundation이 표준화를 추진해 온 OpenFlow 등을 예로 들 수 있습니다. 네트워크 기능을 가상화 기반으로 구현할 뿐만 아니라, 네트워크와 서버를 아우르는 NFV(Network Functions Virtualization) 등과 같은 가상화로도 이어집니다.

SDN은 그림 5-23처럼 네트워크를 애플리케이션 계층, 제어 계층, 인프라 계층의 3개 계층으로 나누고, 애플리케이션 계층의 지시를 제어 계층에서 정리하여 네트워크 전체를 제어합니다.

SDN의 특징과 이점

SDN의 특징은 다음 두 가지입니다.

- ◆ 장비와 경로를 제어하는 기능과 데이터 전송 기능을 나눈다.
- ◆ 상기 제어 기능을 소프트웨어로 집중 관리한다.

장비와 경로는 컨트롤러가 통합하여 제어하고, 데이터 전송은 네트워크 장비가 수행하지만, 이들을 함께 중앙에서 관리합니다(그림 5-24의 왼쪽). SDN은 네트워크 장비 전체를 하나로 묶어 관리할 수 있기 때문에 다양하게 활용할 수 있습니다. 예를 들면, 데이터센터 내의 네트워크와 데이터센터 간을 연결하는 **네트워크를 다른 SDN으로 나누어 네트워크를 효율적으로 관리**할 수 있습니다(그림 5-24의 오른쪽).

그림 5-23 SDN의 개요

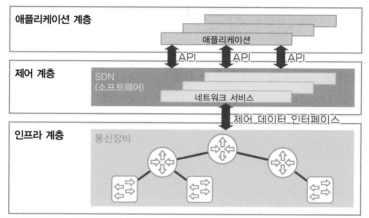

애플리케이션 계층

제어 계층

SDN
(소프트웨어)

네트워크 서비스

제어 데이터 인터페이스

인프라 계층

통신장비

SDN은 네트워크를 애플리케이션 계층, 제어 계층 및 인프라 계층으로 나누고 제어 계층에 구현된다.

그림 5-24 SDN의 기능과 활용 예

SDN의 기능

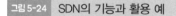

SDN의 기능

클라우드 관리 소프트웨어

SDN1
(데이터센터 내)

SDN2
(다른 센터와 연결)

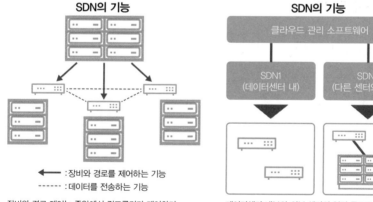

◄─── : 장비와 경로를 제어하는 기능
----- : 데이터를 전송하는 기능

장비와 경로 제어는 중앙에서 컨트롤러가 제어하며,
데이터 전송은 네트워크 장비가 수행

데이터센터 내부와 외부 센터의 연결 등으로
여러 SDN을 구축하고 최적화하는 예

Point

✔ 소프트웨어로 네트워크의 가상화를 실현하는 기술로서 SDN이 있다.

✔ SDN은 데이터센터에서 효율적인 네트워크 관리를 실현한다.

Chapter
5

클라우드를 지원하는 기술

네트워크 가상화 ③
～ 데이터센터 가상화 ～

데이터센터를 위한 네트워크 가상화 기술

VLAN이 기존 네트워크 리소스를 효율적으로 활용한다는 측면에서는 효과적이지만, 물리적으로 서버가 증가하고 다시 그 안에 가상 서버도 대량으로 늘어나며 변화해가는 데이터센터나 클라우드 서비스 환경에서 반드시 적절하다고 할 수는 없습니다.

서버 가상화 및 집적화가 진행되면, 복수 서버의 기능을 한 대의 서버에 집약하는 일이 반복해서 일어납니다. 그림 5-25처럼 통신 환경이 크게 변하지 않는다면, 데이터 통신량은 이전보다 훨씬 많아지고 성능은 저하됩니다.

SDN도 효과적이지만, 단순하게 유연한 네트워크 환경을 구현할 수 있다는 측면에서 **패브릭 네트워크**(이더넷 패브릭)가 있습니다.

패브릭 네트워크의 특징

패브릭 네트워크에서는 전용 스위치를 추가하여 **여러 개의 스위치를 하나로 묶어 하나의 큰 스위치처럼 취급할 수 있습니다.**

복수의 네트워크 장비를 하나의 장비처럼 다뤄, 기존에 1대1로 라우팅하던 것을 멀티 대응으로 라우팅합니다.

물리 서버 1대마다 다수의 가상 서버가 동작하게 되면, 상하 방향 네트워크 통신뿐만 아니라 좌우 방향 통신도 늘어나기 때문에 이런 상황에 원활하게 대응할 수 있는 패브릭 네트워크는 클라우드 데이터센터를 지원하는 네트워크로서 중요한 역할을 합니다(그림 5-26).

하나를 여러 개로 분할하는 VLAN, 소프트웨어로 제어하는 SDN, 그리고 여러 개를 하나로 만드는 패브릭 네트워크의 아이디어와 개념은 다양한 시스템이나 업무에도 응용할 수 있을 것입니다.

그림5-25 **서버의 집적화에 따른 네트워크 부하 증가**

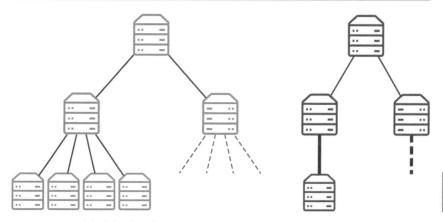

서버 집적도가 높아질수록 네트워크 부하가 증가한다.

※ 그림은 이해를 돕고자 LAN 선을 굵게 표시했지만 실제 굵기는 변하지 않는다.

그림5-26 **패브릭 네트워크의 개요**

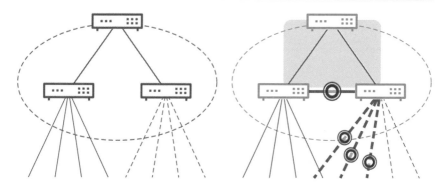

• 세 대의 네트워크 장비가 가상으로 하나가 되도록 복수 장비를 포함하여 최적의 경로를 찾는다.

• ◉ 표시가 새로 생기는 경로의 예. 물론 물리적으로 연결할 수 있도록 준비해야 한다.

Point ✔ 데이터센터에 적합한 네트워크 가상화 기술로서 패브릭 네트워크가 있다.

✔ 패브릭 네트워크는 여러 스위치를 하나의 큰 스위치로 취급할 수 있다.

Chapter **5**

클라우드를 지원하는 기술

시스템 배치 장소를 고려한다

지금까지 설명을 통해 리전, AZ 등 시스템을 어디에 어떻게 배치할 것인지가 중요하다는 것을 알 수 있었을 것입니다.

이제 시스템의 배치 위치에 대해 다시 한번 생각해 봅시다. 대상은 바로 머리에 떠오르는 시스템이나 서비스면 됩니다. 아래에 시스템 이름과 배치할 장소를 적어봅시다. 하는 김에 세계 지도도 함께 넣어보도록 하겠습니다.

시스템 배치 장소 검토

온프레미스 시스템에서는 자사의 데이터센터, 전산실, 사무실 플로어 등 기존 설비를 염두에 두고 검토하지만, 클라우드에서는 더 다양한 옵션이 있습니다.

클라우드는 자유로운 사고로 임할 수 있다

대부분 서울 리전이 중심이 되겠지만, AWS에서는 비용을 절약하는 관점에서 저렴한 미국 EC2를 이용하거나 해외에서 빅데이터 분석하고 결과를 받아보는 방식도 제안하고 있습니다.

물론 어떤 데이터를 다루느냐, 혹은 처리하느냐에 따라 다르지만 자유로운 사고로 임할 수 있다는 것은 AWS의 흥미로운 점입니다.

Chapter 6

Amazon VPC를 만든다

간단히 만들 수 있는 가상 네트워크

AWS 상에서의 네트워크

AWS에서 VPC의 의미

클라우드 서비스에서 VPC라고 하면 5-3 절에서 설명한 것처럼 Virtual Private Cloud의 약자로 프라이빗 클라우드를 퍼블릭 클라우드 상에서 구현하는 것을 말합니다. 이것은 넓은 의미에서의 표현입니다.

Amazon VPC(Amazon Virtual Private Cloud)는 AWS 상에서 프라이빗 클라우드를 실현하는 **기반이 되는 서비스**로, AWS에서 VPC의 위치는 다양한 IT 리소스와의 관계에서 **가상 네트워크**에 해당됩니다.

기본적으로 Amazon VPC가 먼저 존재하고, 그 위에 다양한 IT 리소스를 배치하므로 AWS에서 Iaas를 이용할 때 필수 서비스로서 자리매김하고 있습니다(그림 6-1).

온프레미스 시스템으로 말하자면, 네트워크 기반이 있고 그 위에서 서버나 스토리지 등의 IT 리소스가 가동됩니다. EC2나 EBS를 서버나 스토리지로 보면, 이들을 배포하는 기반이 되는 네트워크가 Amazon VPC가 되지만, VPC에 AWS의 모든 서비스를 배치할 수 있는 것은 아니기에 조금은 제한적인 의미입니다.

VPC는 여러 개 생성할 수 있다

Amazon VPC는 리전에 **여러 개 생성할 수 있습니다**. 예를 들어, 웹 서버 기능을 갖춘 하나의 EC2 인스턴스가 있다면 하나의 VPC로 끝납니다. 3장에서 EC2 인스턴스 생성에 관해 설명했지만, 실제로는 사용자가 VPC를 만들지 않아도 대상 EC2를 담을 수 있는 하나의 VPC가 각 리전에 존재합니다(자세한 내용은 6-6 절에서 설명).

또한, 실제 운영에서는 VPC를 의식적으로 생성하지 않고 이용하는 경우도 있고 VPC를 먼저 생성한 후 IT 리소스를 탑재하는 경우도 있으며, 또한 VPC를 여러 개 이용하는 경우도 있습니다(그림 6-2).

그림 6-1 Amazon VPC는 AWS의 기본 서비스

Chapter

6

Amazon VPC를 만든다

Amazon EC2 및 EBS 등의 IT 리소스

EBS

Amazon EC2

Amazon EC2

Amazon VPC

- 가상 네트워크의 Amazon VPC 위에 IT 리소스를 올려놓는 이미지로 작성해 나간다.
- Amazon VPC는 가상 네트워크로 자리매김하고 있지만, 실질적으로는 Virtual Private Cloud 의 기반이기도 하다.

그림 6-2 VPC 활용 이미지

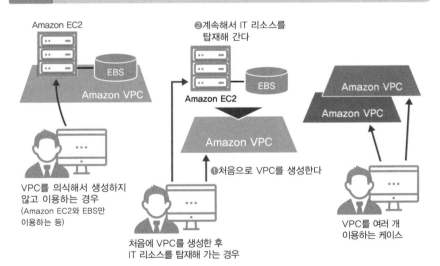

Amazon EC2

EBS

Amazon VPC

❷계속해서 IT 리소스를 탑재해 간다

Amazon EC2

EBS

Amazon VPC

Amazon VPC

Amazon VPC

VPC를 의식해서 생성하지 않고 이용하는 경우
(Amazon EC2와 EBS만 이용하는 등)

❶처음으로 VPC를 생성한다

처음에 VPC를 생성한 후 IT 리소스를 탑재해 가는 경우

VPC를 여러 개 이용하는 케이스

Point

✔ Amzaon VPC는 AWS에서 다양한 IT 리소스를 이용하는 기반이 된다.

✔ Amazon VPC는 여러 개 사용할 수도 있다.

본격적으로 AWS를 이용한다면
처음은 VPC

소규모-제한적 이용과 본격적 이용의 차이점 //////////////////////////////////

VPC는 AWS를 이용하는 데 기반이 되는 네트워크 서비스로, 다르게 말하면 일종의 공간이기도 합니다.

개인이나 소규모 기업 혹은 조직 등이라면 3장과 4장에서 EC2나 S3를 생성한 것처럼 AWS를 제한적으로 이용하게 되는데, VPC의 존재를 의식하지 않아도 AWS를 이용할 수 있습니다.

반면에 AWS를 본격적으로 이용하려는 기업이나 온프레미스 시스템을 순차적으로 전환해 가는 기업이라면, 기업 내 네트워크의 일부로 설계한 내용에 근거해 VPC를 생성합니다. 그리고, 생성한 VPC에 EC2 등의 IT 리소스와 AWS의 서비스를 올려 갑니다(그림 6-3).

따라서, 3장이나 4장에서 설명한 내용은 전자의 제한적인 이용에 해당합니다.

처음에 EC2 생성부터 시작해도 AWS가 1개의 VPC(디폴트 VPC)를 준비해 줍니다. 실제로는 VPC가 존재하지만, 사용자는 의식하지 않고 이용하고 있습니다.

그림과 도형으로 생각한다 //

이제부터 VPC에 관해 설명하겠습니다. VPC를 생성해 IT 리소스나 서비스를 탑재하는 관점에서 **그림이나 도형을 그려서 생각해 보면 이해하기 쉽습니다.** 필자의 제안이지만, 예를 들어 '**사각형과 선**' 또는 '**3D**'로 생각해 보길 추천합니다. 클라우드를 이용해 본 적이 없는 분들의 이해를 돕기 위해 물리적인 기기에 비유하여 표현하는 것이 좋을 수도 있습니다. 또, 입체적으로 표현하면 물리적인 기기와의 대응 관계를 상상하기 쉬운 경우가 있습니다.

그림 6-4와 같이 사각형과 선은 사각형인 VPC를 전제로 하여 더 작은 사각형인 각 IT 서비스를 어디에 어떻게 배치하고 연결할 것인지를 표현하고, 3D는 온프레미스처럼 서비스를 물리적으로 표현해서 생각하자는 아이디어입니다.

| 그림 6-3 | 본격적으로 이용하려면 우선 VPC 생성부터 시작한다 |

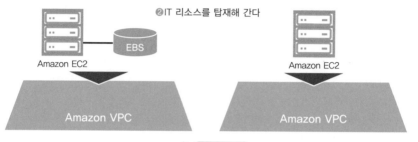

❷IT 리소스를 탑재해 간다

Amazon EC2   EBS   Amazon EC2

Amazon VPC   Amazon VPC

❶처음으로 VPC를 생성
(여러 개가 되는 경우가 많다)

AWS를 본격적으로 이용하려는 기업이나 온프레미스 시스템을 순차적으로 이전하려는
기업이라면 먼저 VPC를 생성하고 IT 리소스를 탑재해 간다.

| 그림 6-4 | 사각형과 선, 3D로 생각해 본다 |

사각형과 선의 예   **3D의 예**

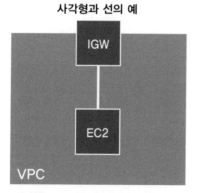

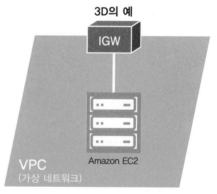

- 사각형으로 IT 리소스(서비스)를 표현하고,
  선으로 연결을 나타낸다.
- AWS의 구성도는 위와 같은 느낌이다.

- AWS를 모르는 사람이 있는 회의에서는 이쪽이
  선호된다.
- 시간은 걸리지만 관계자와 공유하기 쉽다.

Point

  ✔ AWS를 본격적으로 사용할 경우, 사전에 VPC를 설계하고 접근한다.

  ✔ 사각형과 선, 혹은 3D로 VPC와 AWS를 생각하면 이해하기 쉽다.

단일 네트워크인가 복수 네트워크인가

VPC를 복수로 만드는 대표적인 예

VPC를 AWS 상에서 기반이 되는 네트워크라고 생각했을 때, VPC를 하나로 할지 복수로 할지에 대한 논의가 자주 이루어집니다. 예를 들어, 복수로 하는 대표적인 예는 중규모 이상의 시스템 등에서 **운영 시스템**과 **개발 시스템**으로 VPC를 나누는 케이스입니다.

시스템에 따라서는 출시 후에도 기능을 추가하거나 수정하기 위해 당분간 개발이 계속될 수 있습니다. 그런 경우에, 주로 시스템 이용자인 최종 사용자가 접속하는 운영 시스템과 개발자인 엔지니어가 접속하는 개발 시스템을 **네트워크나 IT 자원을 포함하여 분리하는 것입니다**(그림 6-5).

다른 예로는 **복수의 업무 시스템이 전혀 성격이 달라 VPC로 나누는 경우가 있습니다**. 즉, 시스템의 종류나 환경에 따라 필요한 경우에는 VPC를 복수로 구성합니다(그림 6-6).

사용자가 VPC의 구성을 자유롭게 검토할 수 있는 이유로는 VPC 생성이나 이용에 대해서는 비용이 들지 않는 점을 들 수 있습니다. 기업이나 부서에 따라서는 VPC 이전에 계정 자체도 각 시스템이나 주관 부서별로 분리하여 엄격한 과금이나 권한 관리를 목적으로 하는 경우도 있습니다.

대부분 VPC를 나눈다

일반적으로 VPC의 수를 늘리고 시스템별로 관리하면 **각 시스템 관리의 효율성과 보안 위험의 감소를 도모할 수 있습니다**. 늘어난 VPC에 대한 관리는 필요하지만, **현재는 복수로 나누는 것이 대세입니다**.

다음 절에서는 하나의 VPC 내에서 용도에 따라 나누는 방법을 소개합니다.

그림6-5 운영 시스템과 개발 시스템으로 VPC를 나누는 예

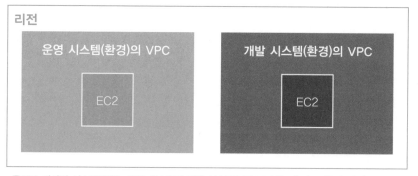

- 중규모 이상의 시스템에서는 운영 시스템과 개발 시스템으로 VPC를 나누는 경우가 많다.
- VPC는 기본적으로 리전당 5개까지이고, 신청하면 100개까지 늘릴 수 있다.
- 덧붙여서 EC2는 20개까지이고, 마찬가지로 신청하면 늘릴 수 있다.

그림6-6 시스템에서 VPC를 나누는 예

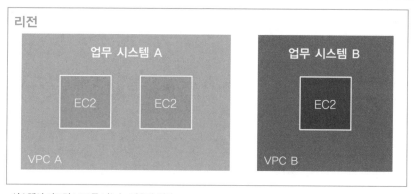

- 시스템이 다르면 VPC를 나누는 경우가 있다.
- 예를 들어, 사원이 이용하는 시스템과 그룹사 관계자도 이용하는 시스템 등은 다른 네트워크에 있는 경우가 많은데, 이를 그대로 클라우드로 전환해서 다른 VPC에 배치하는 것이다.

Point

✔ 운영 시스템과 개발 시스템, 성격이 다른 업무 시스템 등으로 VPC를 여러 개 생성해 사용하는 경우가 많다.

✔ 시스템별 세세한 관리나 보안 등에 대한 요구 때문에 복수로 나누는 일이 많다.

VPC 구성

프라이빗과 퍼블릭으로 나눈다

이 절에서는 하나의 VPC를 세분화하는 개념에 관해 정리해 보겠습니다. 흔히 볼 수 있는 구성은 기업 내부와 같은 프라이빗 네트워크와 인터넷으로 연결되어 외부에서 접속할 수 있는 퍼블릭 네트워크를 구분하는 예가 있습니다. AWS 구성도에서는 **프라이빗 서브넷, 퍼블릭 서브넷** 등의 용어로 표현되는 경우가 있습니다(그림 6-7).

서브넷은 일반적인 네트워크 시스템이나 Amazon VPC 내에서 더 세분화된 네트워크를 의미합니다.

VPC 수량에 주의하자

앞 절처럼 VPC 자체가 여러 개 존재하는지, VPC는 하나인데 그 안에서 분할되어 있는지 주의해서 볼 필요가 있습니다.

같은 VPC의 구성을 나타내지만, 좌우로 표현하는 경우와 상하로 표현하는 경우가 있습니다. 실제로 두 가지 패턴 모두 사용됩니다. 그림 6-7을 다시 보면 사실은 같은 구성을 나타내고 있습니다.

본질적으로는 어떤 VPC가 어떤 연결 방법으로 누구와 연결되어 있는지를 정리하고 파악해야 합니다.

VPC를 복수로 한다거나 VPC 안에서 나누는 구성에 익숙해지면 요건에 따라 판단할 수 있게 됩니다. 처음에는 이해하기 어렵다면 온프레미스로 돌아가서 생각해 보는 것을 추천합니다. 온프레미스의 네트워크 구성을 상상하고 그대로 AWS로 대체하는 것입니다. 그러면 의외로 간단하게 VPC 구성이 짜여지기도 합니다(그림 6-8).

덧붙여, 온프레미스와의 차이는 VPC에는 5-12 절처럼 라우터 등의 네트워크 장비가 없이 소프트웨어로 동작한다는 점입니다.

그림 6-7 퍼블릭 서브넷과 프라이빗 서브넷의 개요

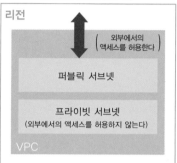

상하로 표현하는 예

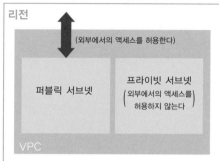

좌우로 표현하는 예

- AWS의 구성도에서는 외부로부터의 액세스를 받아들이는 퍼블릭 서브넷과 닫혀 있는 프라이빗 서브넷 등의 용어로 표현되는 경우가 많다.
- 서브넷은 더욱 세분화된 네트워크를 의미한다.
- 그림처럼 상하로 표현하는 것도 있고, 좌우로 표현하는 것도 있으므로 익숙해지자.

그림 6-8 온프레미스의 네트워크 구성으로 생각한다

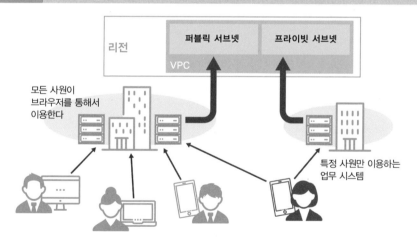

Point
- ✔ VPC 안에서 퍼블릭 서브넷과 프라이빗 서브넷으로 나누는 경우가 많다.
- ✔ VPC에 연결하는 방법과 누가 연결할 수 있는지 확실히 파악해 둔다.

서브넷으로 나누는 원리

서브넷을 나타내는 수치

앞 절에서 프라이빗 서브넷과 퍼블릭 서브넷에 대해 설명했습니다. **서브넷으로 VPC 를 세분화**할 수 있는데, AWS에서는 **CIDR**(사이더)라는 숫자 표기법으로 서브넷을 관리합니다.

CIDR는 마지막 "/"(슬래시) 뒤에 몇 개의 IP 주소가 있는지 나타냅니다. 예를 들어, /24=256개, /16=65,536개, 또는 /28=16개와 같이 표현합니다(그림 6-9).

VPC 생성 화면 등에서도 CIDR로 IP 주소 범위를 얼마로 할 것인지 구체적인 수치를 요구합니다. 예를 들어, VPC에 우선 두 개의 서브넷을 생성하는 경우라면 VPC 를 192.168.0.0/16으로 설정하고, 서브넷의 첫 번째를 192.168.1.0/24, 두 번째를 192.168.2.0/24 등으로 설정할 수 있습니다.

IP 주소 할당은 DHCP

IP 주소 범위는 사용자가 지정할 수 있지만, 개별 IT 리소스에 대한 IP 주소 할당은 **DHCP**(Dynamic Host Configuration Protocol) 기능을 통해 자동으로 이루어집니다.

DHCP는 기업 등에서 서버가 클라이언트에 정해진 범위의 IP 주소를 부여하는 것과 같은 방식입니다. 기업에서는 네트워크에 연결된 클라이언트가 서버 OS의 DHCP 서비스에 액세스함으로써 자신의 IP 주소를 획득합니다(그림 6-10).

인터넷 너머에 있는 AWS에서도 기업의 내부 네트워크나 IT 리소스에 IP 주소를 할당할 때 동일한 방식을 사용한다고 생각하면 왠지 안심할 수 있습니다.

그림 6-9   CIDR의 개요

Chapter
6

Amazon VPC를 만든다

CIDR(사이더)는 IP 주소의 개수를 나타낸다

/24는 2^8(2의 8제곱)을 나타내므로 256개
※ 32 - 24 = 8로 2의 8제곱

/16은 2^{16}(2의 16제곱)을 나타내므로 65,536개
※ 32 - 16 = 16에서 2의 16제곱

※ 현실에는 개수가 적어서 사용할 일이 거의 없지만…
/28은 2^4(2의 4제곱)을 나타내므로 16개
※ 32 - 28 = 4에서 2의 4제곱

- CIDR는 IP 주소를 네트워크 규모에 따라 할당하는 방식이다.
- IP 주소를 2진수로 나타내면 32자리가 되고, /24면 서브넷의 범위가 24자리이고 32-24=8자리가 호스트부(IT 리소스의 IP 주소 범위)가 된다.

그림 6-10   DHCP의 개요

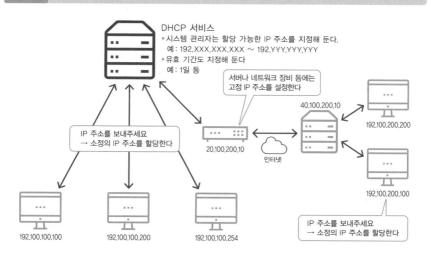

DHCP 서비스
- 시스템 관리자는 할당 가능한 IP 주소를 지정해 둔다.
  예 : 192.XXX.XXX.XXX ~ 192.YYY.YYY.YYY
- 유효 기간도 지정해 둔다
  예 : 1일 등

서버나 네트워크 장비 등에는 고정 IP 주소를 설정한다

40.100.200.10

192.100.200.200

IP 주소를 보내주세요
→ 소정의 IP 주소를 할당한다

20.100.200.10

인터넷

192.100.200.100

IP 주소를 보내주세요
→ 소정의 IP 주소를 할당한다

192.100.100.100   192.100.100.200   192.100.100.254

Point
- ✔ AWS는 CIDR로 서브넷을 관리한다.
- ✔ VPC의 IT 리소스에 IP 주소 할당은 기업 내 네트워크와 마찬가지로 DHCP를 이용한다.

처음부터 준비되어 있는 VPC

처음부터 존재하는 VPC

지금까지 AWS 내에서 네트워크를 요건에 따라 여러 개의 VPC를 생성하거나 VPC 내에서 서브넷으로 분리하는 방법을 설명했습니다.

6-1과 6-2 절에서도 언급했듯이, EC2를 처음 생성할 때 **기본 VPC**라고 불리는 리전마다 하나의 VPC가 있습니다. 특별히 네트워크를 가리지 않는다면, 그 뒤로 이어서 작성할 IT 리소스를 탑재해 가는 방법도 있습니다(그림 6-11).

기본 VPC는 CIDR 설정 등을 이미 마친 형태로 제공됩니다. 요컨대, 사용을 시작할 때는 깨닫지 못하지만, 이미 하나의 VPC가 존재하고 여기에는 AWS에서의 표준적인 정의와 설정이 이미 되어 있습니다.

기본 VPC의 개요

기본 VPC는 다음과 같은 사양으로 구성되어 있습니다(그림 6-12).

- ◆ 크기 /16의 IPv4 CIDR 블록

  173.31.0.0/16의 VPC에서 최대 65,536개의 프라이빗 IPv4 주소가 제공된다.
- ◆ 각 AZ에 크기 /20의 기본 서브넷이 자동으로 생성된다.

  서브넷마다 최대 4,096개의 주소가 할당되고, 이 중 5개는 AWS가 관리용으로 사용하므로 4,091개가 된다.
- ◆ 기본 VPC용 IGW(6-7 절 참조)가 미리 준비되어 있다.

VPC를 생성하지 않아도 다양한 IT 리소스를 사용할 수 있지만, **익숙해지면 기본 VPC를 변경하거나 새로운 VPC를 추가해도 좋습니다.**

그림6-11 기본 VPC에 IT 리소스를 탑재한다

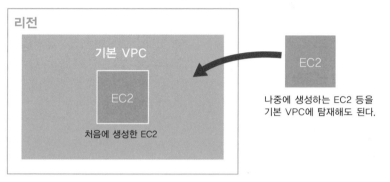

- 예를 들어 VPC를 의식하지 않아도, EC2를 생성하면 기본 VPC가 존재한다.
- 리전마다 1개의 VPC가 있다.
- 기본 VPC에 IT 리소스를 추가로 탑재하는 방법도 있다.

※ 그림 3-22의 시점에서 항목의 '네트워크'에 기본 VPC가 표시되지만, 그대로 이용하는
  경우에는 특별히 아무것도 할 필요가 없다(서브넷도 마찬가지).

그림6-12 기본 VPC의 개요

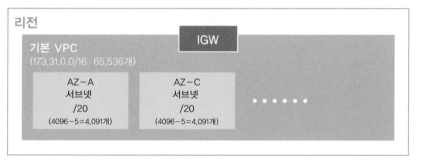

- /16(65,536)개의 IPv4 CIDR 블록이다.
- 각 AZ에 크기/20인 서브넷이 자동으로 생성된다.
  4,096개에서 AWS에서 사용하는 5개를 빼서 4,091개를 이용할 수 있다.
- 기본 VPC에는 전용 IGW가 준비되어 있다.
- 이 밖에도 각각의 세밀한 정의나 설정이 되어 있다.

Point
- ✔ 처음에는 VPC 생성을 의식하지 않아도 기본 VPC가 제공된다.
- ✔ 익숙해지면 기본 VPC를 변경하거나 새로운 VPC를 생성해 보자.

프라이빗 서브넷에서의 주의점

내부에서 외부로 연결하기

프라이빗 서브넷에 EC2 인스턴스를 생성했다고 가정해봅시다. 업무 요건에 따라 필요한 소프트웨어 등을 설치하여 사용하게 될 것입니다.

요즘은 소프트웨어 업데이트 등이 인터넷을 통해 이루어집니다. 프라이빗 서브넷의 EC2 인스턴스에는 퍼블릭 IP 주소가 없기 때문에 그대로는 외부에서 접근할 수 없는 문제가 발생합니다.

이러한 문제를 해결하고자 **NAT**(Network Address Translation)를 통해 네트워크 주소로 변환하는 기능을 제공하고 있는데, **NAT 게이트웨이**를 만들어 **프라이빗 서브넷에서 인터넷에 연결합니다.** NAT 게이트웨이는 인터넷에 연결할 수 있지만, 인터넷에서는 서브넷에 연결할 수 없도록 할 수 있습니다(그림 6-13).

외부에서 내부로 연결하기

3-11 절에서는 EC2 인스턴스를 웹 서버로 생성했습니다. 이때 처음 생성된 EC2 인스턴스는 사실 프라이빗 서브넷 안에 있습니다.

그런데 어떻게 외부에서 열람할 수 있느냐 하면, **IGW**(Internet Gateway)에서 **퍼블릭 IP 주소와 내부 프라이빗 IP 주소를 연결해서 변환**해주기 때문입니다(그림 6-14).

프라이빗 서브넷 내부에서 외부로 나갈 때는 NAT, 외부에서 내부로 들어올 때는 IGW라고 기억해 두면 좋습니다.

그림6-13 NAT 게이트웨이의 역할

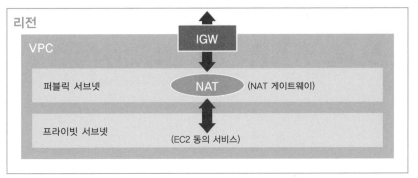

- NAT 게이트웨이를 만들면 프라이빗 서브넷에서 인터넷에 연결할 수 있다.
- NAT는 예를 들어 기업 내 LAN에 있는 PC가 인터넷 접속할 때, 프라이빗 IP 주소를 외부의 네트워크에서 이용할 수 있는 글로벌 IP 주소로 변환해 준다.
- NAT 게이트웨이로 인터넷에 연결할 수 있지만, 인터넷쪽에서 프라이빗 서브넷에 연결할 수 없게 할 수 있다.

그림6-14 IGW의 역할

처음에 EC2를 생성한 시점에서는
프라이빗 서브넷

- IGW와 연결되면 퍼블릭 서브넷으로
- IGW가 퍼블릭 IP 주소와 내부 프라이빗 IP 주소를 변환한다.

Point

✔ NAT 게이트웨이를 통해 프라이빗 서브넷에서 인터넷에 연결할 수 있다.

✔ IGW는 퍼블릭 IP 주소를 프라이빗 IP 주소로 변환해 준다.

VPC 간 연결

VPC와 VPC의 연결

이 절에서는 생성된 복수의 VPC 간 연결과 VPC와 외부 연결에 필요한 기능을 정리해 보겠습니다.

먼저, VPC 간 연결은 기본적으로 통신이 불가능합니다. VPC 간 접속을 원할 경우, **VPC 피어링 연결** 기능을 활성화하여 통신합니다.

VPC 피어링 연결은 자신의 계정 내 VPC뿐만 아니라 다른 계정의 VPC와도 연결할 수 있습니다. 같은 기업이 여러 개의 계정을 보유하고 있어도 연결할 수 있으므로 편리합니다(그림 6-15).

마지막에 외부와의 연결을 생각한다

VPC와 외부가 인터넷으로 연결되는지, 전용선으로 연결되는지 혹은 VPN으로 연결되는지에 따라 다음과 같이 나뉘는데, 게이트웨이를 VPC에 설정합니다.

- ◆ 인터넷 연결

  IGW를 연결합니다.

- ◆ 전용선 연결 또는 VPN 연결

  VGW(Virtual Private Gateway, 가상 프라이빗 게이트웨이)를 연결합니다(실제로는 온프레미스 네트워크가 많다)(그림 6-16).

이처럼 **IGW나 VGW는 외부와의 연결에 이용됩니다.** 그밖에도 여러 VPC와 온프레미스 네트워크를 허브처럼 연결하는 AWS Transit Gateway(**TGW**) 등이 있다.

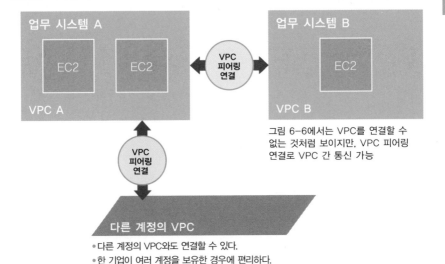

그림 6-15 VPC 피어링 연결의 개요

그림 6-6에서는 VPC를 연결할 수 없는 것처럼 보이지만, VPC 피어링 연결로 VPC 간 통신 가능

다른 계정의 VPC

• 다른 계정의 VPC와도 연결할 수 있다.
• 한 기업이 여러 계정을 보유한 경우에 편리하다.

※ 덧붙여, 복수의 VPC 피어링을 경유한 통신은 할 수 없다. 위의 예에서는 다른 계정의 VPC에서 업무 시스템 B로 통신할 수 없다.

그림 6-16 VGW의 개요

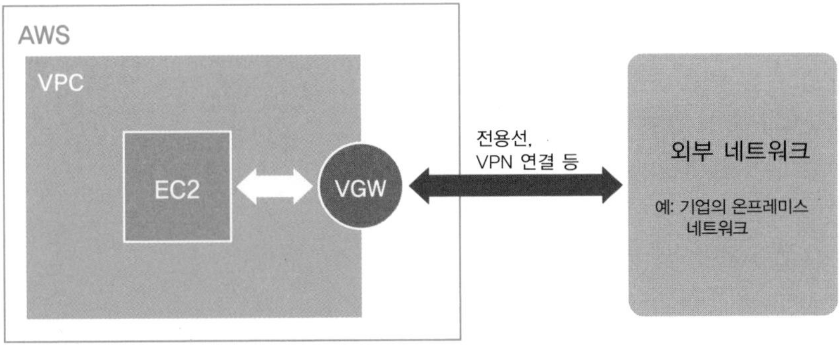

• VPC에 VGW를 연결한다.
• 폐쇄 환경에서 통신이 가능하며, VGW의 끝에는 전용회선이나 VPN 등이 연결된다.

Point

✓ VPC와 VPC 간 연결은 VPC 피어링이 이용된다.
✓ VPC와 외부와의 연결은 IGW나 VGW와 같은 게이트웨이가 필수적이다.

VPC 생성하기 ①
~ 사각형을 만든다~

사용자가 직접 VPC를 생성하는 절차

지금까지 설명한 내용을 바탕으로 사용자가 직접 VPC를 생성하는 방법을 살펴보겠습니다.

VPC 생성은 6-4와 6-7 절에서 살펴본 바와 같이 기본적으로 **VPC → 서브넷 → 예: IGW(서브넷과 외부 인터넷 연결)처럼 큰 것부터 작은 것, 혹은 세부적으로 정의하여 필요한 서비스를 추가하는 형태로 진행**합니다(그림 6-17 위).

EC2나 S3 등과 마찬가지로 VPC 전용 대시보드가 있으므로, AWS 관리 콘솔에서 VPC 대시보드로 이동합니다. 여기서 VPC 생성으로 이동하여 세부 설정에 들어갑니다. 그곳에는 다른 IT 리소스처럼 이름 태그나 VPC 설정에 고유한 IPv4 CIDR 블록 등이 항목으로 들어 있습니다(그림 6-17 아래).

고민되는 것은 CIDR를 어떻게 설정하느냐인데, 테스트용으로 이용할 경우 표시된 것처럼 10.0.0.0/16으로 설정하면 됩니다. 그대로 설정하면, 6-5 절에서 설명한 것처럼 65,536개의 IP 주소를 사용할 수 있게 됩니다(그림 6-17 아래). 기업 내에서 사용할 때는 네트워크 관리자가 지정한 주소 범위를 사용합니다.

절차 마지막에 선을 연결한다

다음으로 **서브넷을 생성**합니다. 여기서도 IPv4 CIDR 블록이 고민이 됩니다. 예를 들어, VPC에서 한 단계 내려서 10.0.0.0/20으로 설정하면 사용 가능한 IP 주소는 4,091개가 됩니다(그림 6-17 아래).

서브넷까지 완성되었다면, 마지막은 서브넷이 외부와 어떻게 연결할지 생각합니다. 예를 들어 인터넷 연결이라면, 대상 서브넷에 IGW를 생성하면 VPC나 서브넷은 IGW를 통해 외부에서 접속할 수 있습니다(그림 6-18).

그림6-17 VPC 생성의 흐름

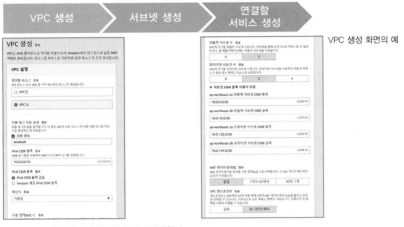

VPC 생성 화면의 예

* IPv4 CIDR에 입력하지 않으면 오류가 발생한다.
* 예를 들어, VPC를 /24 서브넷을 /28로 만들면, 해당 서브넷에서 이용할 수 있는 주소는 단 11개
* VPC를 /16 서브넷을 /20으로 만들면, 해당 서브넷에서 이용할 수 있는 주소는 4,091개가 된다.

그림6-18 우선 사각형을 그리고 큰 것에서 작은 것을 향해 나아간다

VPC 생성　　　　　　　서브넷 생성　　　　　연결할
　　　　　　　　　　　　　　　　　　　　　서비스 생성

**사용자에 의한
VPC 생성 등**

**AWS 상에서
만들어져 있는
환경**

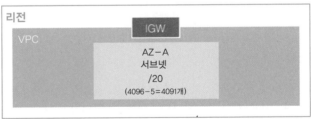

Point

✔ 사용자가 직접 VPC를 생성하는 경우 'VPC → 서브넷 → IGW'처럼 큰 것에
서 작은 것으로 진행한다.

✔ EC2 및 S3처럼 VPC 전용 대시보드가 있다.

VPC 생성하기 ②
~ 선을 연결한다 ~

사각형을 연결하는 선 ///

서브넷과 IGW를 연결할 때 특별히 지정하지 않으면 VPC 생성 시 자동으로 생성되는 라우팅 테이블에 의해 통신 경로가 선택됩니다. **라우팅 테이블**을 이용하면 서브넷이 어떤 경로로 IGW 등과 통신할지 설정할 수 있습니다. 사용자가 지정한 경로를 사용하도록 직접 지정할 수도 있습니다. 라우팅 테이블은 사각형을 연결하는 선에 해당합니다(그림 6-19). 예를 들어, IT 리소스가 증가했을 때 경로를 제한하고 싶은 경우에 유용합니다.

자동으로 생성된 라우팅 테이블에서 지정하거나 새로운 라우팅 테이블을 생성하여 지정할 수도 있습니다. 사각형과 선이 모두 갖추어졌으면, 마지막으로 VPC 생성 패턴을 확인합니다.

VPC 생성 패턴 ///

3장에서 생성한 EC2 인스턴스를 이용하는 웹 서버의 경우, EC2 인스턴스를 생성하고 네트워크를 설정하는 과정에서 기본 VPC에 서브넷과 IGW 그리고 라우팅 테이블까지 만들어져 있었습니다. VPC와 서브넷 생성 방법을 정리하면 다음과 같은 선택지가 있습니다(그림 6-20).

❶ 기본 VPC 및 이후 자동으로 추가되는 서비스를 그대로 사용한다.
❷ ❶에 대해 변경 또는 추가하여 이용한다.
❸ ❶과 별도로 신규 VPC를 생성한다.

시스템 수와 요구사항, 각종 생성 및 설정 작업의 효율성, 나아가 향후 확장이나 실수할 가능성(VPC는 세세한 설정이 많아 실수하기 쉽다) 등을 고려하여 최적의 진행 방식을 선택해야 합니다.

그림 6-19 라우팅 테이블의 기능

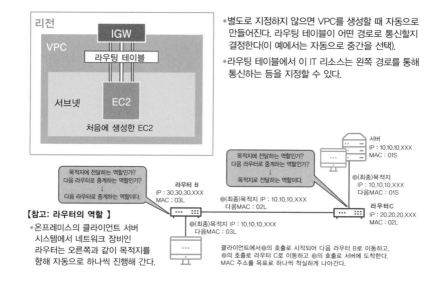

리전

IGW

VPC

라우팅 테이블

서브넷 · EC2

처음에 생성한 EC2

- 별도로 지정하지 않으면 VPC를 생성할 때 자동으로 만들어진다. 라우팅 테이블이 어떤 경로로 통신할지 결정한다(이 예에서는 자동으로 중간을 선택).
- 라우팅 테이블에서 이 IT 리소스는 왼쪽 경로를 통해 통신하는 등을 지정할 수 있다.

서버
IP : 10.10.10.XXX
MAC : 01S

목적지에 전달하는 역할인가?
다음 라우터로 중계하는 역할인가?
↓
목적지로 전달하는 역할이다.

❸(최종)목적지
IP : 10.10.10.XXX
다음MAC : 01S

목적지에 전달하는 역할인가?
다음 라우터로 중계하는 역할인가?
↓
다음 라우터로 중계하는 역할이다.

라우터 B
IP : 30.30.30.XXX
MAC : 03L

❷(최종)목적지 IP : 10.10.10.XXX
다음MAC : 02L

라우터C
IP : 20.20.20.XXX
MAC : 02L

【참고: 라우터의 역할 】

- 온프레미스의 클라이언트 서버 시스템에서 네트워크 장비인 라우터는 오른쪽과 같이 목적지를 향해 자동으로 하나씩 진행해 간다.

❶(최종)목적지 IP : 10.10.10.XXX
다음MAC : 03L

클라이언트에서❶의 호출로 시작되어 다음 라우터 B로 이동한다.
❷의 호출로 라우터 C로 이동하고 ❸의 호출로 서버에 도착한다.
MAC 주소를 목표로 하나씩 착실하게 나아간다.

그림 6-20 VPC를 생성하는 세 가지 패턴

❶ 기본 VPC나 그 이후에 자동으로 추가되는 서비스를 그대로 사용한다.

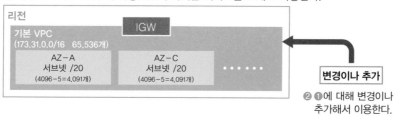

리전

기본 VPC
(173.31.0.0/16 65,536개)

AZ-A
서브넷 /20
(4096-5=4,091개)

AZ-C
서브넷 /20
(4096-5=4,091개)

IGW

· · · · · ·

변경이나 추가

❷ ❶에 대해 변경이나 추가해서 이용한다.

❸ ❶과 별도로 새로 VPC를 생성한다.

리전

새로운
VPC

VPC 생성 → 서브넷 생성 → 연결할 서비스 생성

Point

✔ 서브넷의 통신 경로로서 라우팅 테이블이 있다.

✔ VPC를 생성할 때는 시스템 요구 사항을 중심으로 최적의 방법을 선택한다.

VPC와 S3 연결하기

S3에 연결하는 방법

6-1 절에서 Amazon VPC에 배치할 수 없는 서비스가 있다고 했습니다. 그 대표적인 예로 4-1 절에서 설명한 Amazon S3가 있습니다. S3는 VPC에 올릴 수 없습니다.

그러나 S3는 사용하기 쉬운 스토리지 서비스이므로, VPC에서 연결하고 싶다는 요구가 있습니다.

이러한 **VPC를 지원하지 않는 서비스에 VPC를 연결할 때** 사용되는 것이 **VPC 엔드포인트**입니다. VPC의 출구로 엔드포인트를 설정하고, AWS 내부를 통해 VPC를 지원하지 않는 서비스와 연결합니다(그림 6-21). 또한 인터넷으로 한 번 나간 다음 VPC 외부의 서비스에 연결하는 경로도 있을 수 있습니다.

VPC에서 연결하는 수단은 반드시 있다

VPC 엔드포인트를 이용하면, VPC에 있는 EC2가 S3 등 VPC를 지원하지 않는 서비스에 연결할 때 굳이 IGW나 NAT 게이트웨이를 통할 필요가 없습니다. 또한, VPC 엔드포인트는 자동으로 스케일링되므로 세세한 설정이나 성능을 고려하지 않고 이용할 수 있습니다.

여기까지 살펴보면, **VPC와 외부 혹은 VPC를 지원하지 않는 서비스라도 어떤 접속 수단이나 서비스가 제공**되고 있는 것을 알 수 있습니다. VPC에 생성되는 서비스인 EC2 등에서 봤을 때도 마찬가지입니다. 이 책에서는 중심이 되는 기본적인 서비스로 좁혀 설명했지만, 각 서비스를 구현할 때는 '반드시 연결하는 수단이 있다'라고 하는 관점에서 생각해 주세요(그림 6-22).

그림 6-21 VPC 엔드포인트 이용 예

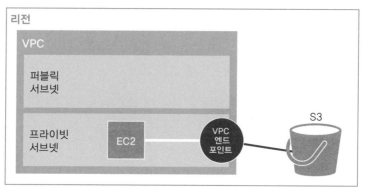

리전

VPC

퍼블릭
서브넷

프라이빗
서브넷

EC2

VPC
엔드
포인트

S3

EC2가 S3에 연결할 때는 VPC의 출구로서 VPC 엔드포인트를 설정하고 연결한다.

그림 6-22 VPC에서 연결하는 수단은 반드시 있다

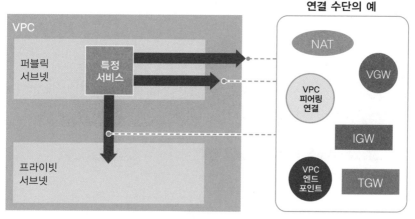

연결 수단의 예

VPC

퍼블릭
서브넷

특정
서비스

프라이빗
서브넷

NAT

VGW

VPC
피어링
연결

IGW

VPC
엔드
포인트

TGW

이 책에서는 기본적인 연결 기능이나 서비스를 소개했는데,
원하는 일에 따라 VPC 연결 수단이 반드시 존재한다.

Point

✔ VPC 엔드포인트는 S3 등 VPC를 지원하지 않는 서비스에 연결한다.

✔ VPC에서 외부 리소스에 접속할 수 있는 수단이 반드시 제공된다.

매뉴얼을 보자 ~ 두 번째 이야기 ~

AWS에서는 공식 매뉴얼 전반을 문서라고 부르며, 사용 설명서, 개발자 안내서 등으로 세분화되어 있습니다.

이 책에서는 지금까지 주로 사용자 설명서 일부를 소개했습니다. 이제 문서 전체를 조망해 보겠습니다. 예를 들어, 검색 엔진에 다음과 같이 입력합니다.

검색 엔진에 입력하는 예

| AWS 문서 | Q |

'AWS 공식 문서' 등으로 입력해도 상단에 나열되는 것은 AWS 문서 페이지입니다. 물론 https://docs.aws.amazon.com/ko_kr/에 직접 액세스하는 것이 적절합니다.

체계화된 문서

AWS의 문서 페이지는 분야별로 체계적으로 정리되어 있습니다.

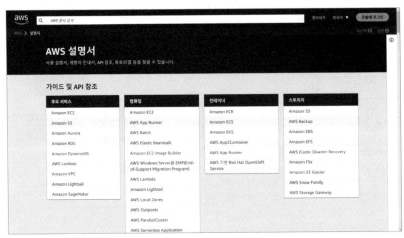

개별적인 주제로 검색하든 문서 페이지에서 찾아보든 어느 쪽이든 공식 문서에 익숙해져 갑시다.

Chapter 7

RDS와 DynamoDB를
사용한다

다양한 데이터베이스와 분석 서비스

시스템에서의 데이터베이스 이용

데이터베이스를 이용하는 시스템의 기본 //////////////////////////////

이 장에서는 Amazon RDS와 같은 데이터베이스 서비스를 설명하겠습니다. 본격적인 설명에 들어가기 전에 우선 데이터베이스를 이용하는 서비스나 시스템의 구성에 관한 기본적인 지식을 정리해 보겠습니다.

데이터베이스를 이용하는 시스템에서는 **애플리케이션 서버**(AP 서버)와 **데이터베이스 서버**(DB 서버)를 **각각 별도로 구성**하는 것이 일반적입니다. 중규모 이상의 웹 시스템 서비스에서도 웹 서버와 AP 서버의 기능을 합친 1대와 DB 서버로 총 2대 또는 각 1대씩 총 3대로 구성하는 사례도 흔히 볼 수 있습니다(그림 7-1). 물론 접속자 수가 많으면 그에 따라 각 서버의 수도 늘어납니다.

이렇게 복수의 서버로 구성하는 이유는 서버를 각 기능에 특화시켜 성능을 발휘할 수 있게 하기 위한 목적도 있지만, 다양한 중요 데이터를 보관하는 데이터베이스에 권한 없는 접근을 막는 보안상의 이유도 큽니다.

AWS에서 데이터베이스에서 인스턴스 구성 //////////////////////////////

AWS에서도 데이터베이스를 이용할 경우, 위에서 물리적으로 서버를 분리하는 것처럼 **기능에 따라 별도의 인스턴스로 구성**하는 것이 일반적입니다. 실제로 많이 사용하는 것은, 예를 들어 애플리케이션 전용 EC2 인스턴스와 데이터베이스 전용 인스턴스로 나누어 이용하는 구성입니다(그림 7-2). 물론 하나의 EC2 인스턴스에 사용자가 직접 설정하여 애플리케이션과 데이터베이스를 동거시킬 수는 있지만, 앞서 언급한 바와 같이 보안상의 이유로 권장하지 않습니다.

참고로 데이터베이스 전용 인스턴스를 생성하는 사고방식은 AWS뿐만 아니라 다른 클라우드 사업자나 ISP 등에서도 공통적입니다.

그림 7-1 데이터베이스를 이용한 시스템의 일반적인 구성 예

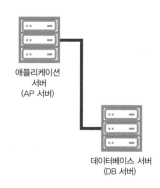

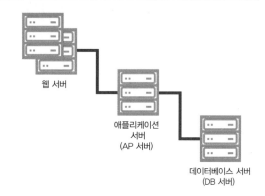

애플리케이션
서버
(AP 서버)

웹 서버

애플리케이션
서버
(AP 서버)

데이터베이스 서버
(DB 서버)

데이터베이스 서버
(DB 서버)

• 애플리케이션 서버와 데이터베이스
  서버를 나누는 구성이 일반적이다.

• 웹 서버를 포함해서 기능별로
  나누기도 한다.

그림 7-2 클라우드 사업자와 ISP에서 많이 사용하는 인스턴스 구성

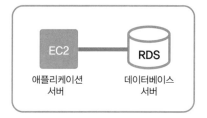

EC2

RDS

애플리케이션
서버

데이터베이스
서버

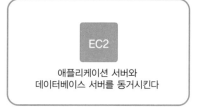

EC2

애플리케이션 서버와
데이터베이스 서버를 동거시킨다

• 애플리케이션 전용 인스턴스(EC2)와
  데이터베이스 전용 인스턴스를 결합한 구성

• AWS라면 RDS(7-2 절 참조) 등

• 기타 클라우드 사업자나 ISP 등에서도
  공통되는 구성

• 애플리케이션 서버와 데이터베이스 서버를
  함께 둔다.

• 일반적으로 권장하지 않는다.

Point

✔ 데이터베이스를 이용하는 시스템에서는 애플리케이션 서버와 데이터베이스
  서버를 각각 별도로 구축하는 것이 일반적이다.

✔ AWS에서도 애플리케이션 인스턴스와 데이터베이스 인스턴스를 분리하는
  것이 기본이다.

AWS를 대표하는 데이터베이스 서비스

관계형 데이터베이스 서비스

Amazon RDS(Amazon Relational Database Service)는 **관계형 데이터베이스(RDB)의 관리형 서비스입니다.**

RDB의 주요 엔진인 **Amazon Aurora, MySQL, PostgreSQL, MariaDB, Oracle, SQL Server를 이용할 수 있습니다**(그림 7-3).

Amazon Aurora는 아마존 고유의 RDB이지만, MySQL, PostgreSQL과 호환됩니다. 무료로 사용할 수 있는 MySQL, PostgreSQL, MariaDB와 비교적 고가의 Oracle, SQL Server의 중간 정도의 성능을 갖추고 있습니다.

관리형 서비스의 장점

RDS는 관리형 서비스이므로 사용자가 EC2 인스턴스에 직접 데이터베이스 소프트웨어를 설치해서 이용하는 것과 비교할 때 다음과 같은 작업이 필요 없다는 장점이 있습니다(그림 7-4).

- ◆ 데이터베이스 소프트웨어 설치
- ◆ OS 및 데이터베이스 소프트웨어 패치 및 업그레이드
- ◆ 가용성(기능을 활성화한 경우, 다른 AZ에 대기 서버 생성)
- ◆ 데이터베이스 백업(기능을 활성화한 경우)
- ◆ 스케일링(기능을 활성화한 경우)

대체로 **이용 초기 및 이후 운영이 편해집니다.** 주의할 점은 데이터베이스 소프트웨어가 미리 설정한 유지보수 시간에 자동으로 업데이트되는 경우가 있기 때문에, 다른 소프트웨어의 운영 환경과 맞지 않으면 문제가 발생할 수 있다는 것입니다.

그림 7-3 RDS가 제공하는 관계형 데이터베이스

- MySQL은 웹사이트 등의 표준, PostgreSQL은 기업에서 OSS를 이용하는 경우 대다수를 차지한다.

- Oracle과 SQL Server는 온프레미스에서 기업의 기간계 데이터베이스 소프트웨어다.

- 데이터베이스 생성 화면에서 엔진 유형을 선택할 수 있다 (7-3 절 참조).

그림 7-4 관리형 서비스인 RDS를 이용하는 장점 및 주의점

작업 항목	RDS 이용자
데이터베이스 소프트웨어 설치	선택 후 자동으로 설치된다
OS나 데이터베이스 소프트웨어의 패치나 업그레이드	자동으로 패치가 적용된다. 통지에 따라 업그레이드한다.
가용성	활성화하면 자동으로 수행된다.
데이터베이스 백업	활성화하면 자동으로 수행된다.
스케일링	활성화하면 자동으로 수행된다.

- RDS에서는 그림 7-3의 6가지 소프트웨어 중 최적의 것을 선택하면 자동으로 설치된다.
- 가용성을 활성화하면 자동으로 수행된다.

Point
- ✔ Amazon RDS는 관계형 데이터베이스 서비스이고, Amazon Aurora, MySQL, PostgreSQL, MariaDB, Oracle, SQL Server를 이용할 수 있다.
- ✔ RDS는 관리형 서비스이므로 데이터베이스 초기 구축 및 운영이 쉬워지는 장점이 있다.

RDS 이용

RDS를 이용하기 전에 정리할 것

3장과 4장에서는 EC2와 S3의 사례 연구도 설명했습니다.

그것들과 비교하면 관계형 데이터베이스는 조금 더 문턱이 높습니다. RDS를 이용하려면, 다른 서비스와의 연계를 포함한 이용 장면과 요건 또는 기존 시스템으로부터의 이전 등 계획과 설계를 통해 접근해야 합니다.

다음은 RDS 이용 시 미리 정리해 두어야 하는 주요 사항입니다(그림 7-5).

- ◆ 데이터베이스 엔진 선정
- ◆ 데이터베이스 인스턴스 선정
- ◆ 백업 및 고가용성 필요 여부 확인
- ◆ 애플리케이션 서버 환경과 설치하는 소프트웨어 파악
- ◆ VPC를 포함한 전체 시스템 구성

온프레미스나 EC2에 직접 데이터베이스 시스템을 구축하는 것보다 선정이나 설정을 원활하게 진행할 수 있습니다.

EC2와 다른 점

RDS에는 전용 인스턴스가 있으며, EC2와 달리 **데이터베이스 전용 인스턴스로 스탠다드, 메모리 최적화, 버스터블 등 크게 세 가지 클래스를 지정할 수 있습니다.** 스토리지는 SSD입니다. 또한, **자동 백업**과 같은 특징적인 기능도 있습니다(그림 7-6).

EC2와 공통되는 기능으로는 Amazon CloudWatch를 통한 모니터링과 스케일업 등을 들 수 있습니다.

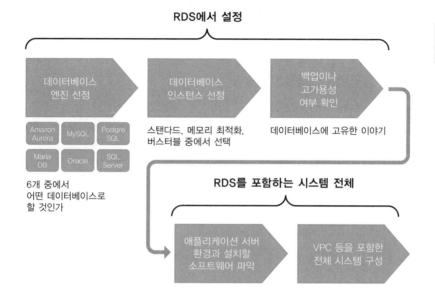

그림 7-5	RDS 이용 시 정리할 주요 사항

RDS에서 설정

데이터베이스 엔진 선정 — 데이터베이스 인스턴스 선정 — 백업이나 고가용성 여부 확인

Amazon Aurora / MySQL / Postgre SQL / Maria DB / Oracle / SQL Server

6개 중에서 어떤 데이터베이스로 할 것인가

스탠다드, 메모리 최적화, 버스터블 중에서 선택

데이터베이스에 고유한 이야기

RDS를 포함하는 시스템 전체

애플리케이션 서버 환경과 설치할 소프트웨어 파악 — VPC 등을 포함한 전체 시스템 구성

그림 7-6	RDS의 인스턴스 유형과 특징적인 기능

종류	개요	인스턴스 유형과 모델
스탠다드	CPU, 메모리 등의 밸런스가 좋은 인스턴스	T2, T3 등 모델로는 db.t2.micro, db.t2.large 가 된다.
메모리 최적화	많은 메모리를 필요로 하는 케이스용 인스턴스	R5, R6g 등 모델로는 db.r5.large, db.r6g.large가 된다.
버스터블	순간적인 고부하에도 대처할 수 있는 인스턴스	T2, T3 등 모델로는 db.t2.micro, db.t2.large 가 된다.

● 인스턴스 유형에 따라 지원하지 않는 데이터베이스 엔진도 있다.
● RDS의 스토리지는 기본적으로 범용, 프로비저닝된 SSD로 구성되어 있다.

Point

✔ RDS 이용 시 데이터베이스 엔진 선정 외에 주요 사항을 사전에 명확히 한다.
✔ RDS에는 데이터베이스 전용 인스턴스 유형이 있다.

RDS를 이용할 때 중요한 항목

자동으로 할당되는 연결에 필수 항목 ////////////////////

RDS는 데이터베이스 전용 인스턴스이며, **DB 엔드포인트**라는 주소가 자동으로 할 당됩니다. 이 주소는 EC2 등과의 연결에 꼭 필요한데, 'database-awsnosikumi. xxxxxxxxxx.ap.northeast-1.rds.amazonaws.com'과 같은 전체 주소 도메인 이름으로 표시됩니다.

DB 엔드포인트는 DB 인스턴스에 연결하기 위해 반드시 필요한 주소입니다. EC2 등 RDS를 이용하는 서비스에서는 특정 데이터베이스 포트를 통해 대상 주소에 연결하여 관계형 데이터베이스 명령을 실행할 수 있습니다(그림 7-7).

DB 엔드포인트와 **데이터베이스 포트**는 **RDS 연결에 필수**적이므로, RDS 생성 및 이용 시 주의하여 진행할 필요가 있습니다.

직접 지정하는 연결에 필수 항목 ////////////////////

마찬가지로 중요한 항목은 마스터 사용자 이름입니다. **마스터 사용자 이름**은 DB 인스턴스 생성자나 관리자가 임의로 정하는 이름인데, 마스터 암호와 함께 연결 시 필요합니다. 이 부분은 사용자가 결정할 수 있습니다.

또 3-12 절에서도 잠깐 언급했지만, 보안 그룹(9-4 절 참조)에서 생성한 RDS 인스턴스와 연결하려는 특정 EC2 인스턴스 등의 IP 주소를 명확히 해서 보안 연결을 정의합니다(그림 7-8).

지금까지의 설명을 통해 **RDS 인스턴스는 EC2 인스턴스와는 다른 항목에서 주의가 필요**하다는 점을 이해했으리라 생각합니다. RDS를 이용하기 위해서는 DB 엔드포인트, 데이터베이스 포트, 마스터 사용자 이름과 암호, 접속처는 필수이므로 생성하거나 이용할 때 주의해서 진행하세요.

그림 7-7 FQDN과 DB 엔드포인트의 개요

전체 주소 도메인 네임으로 표현되는 DB 엔드포인트(이 책에서의 예)

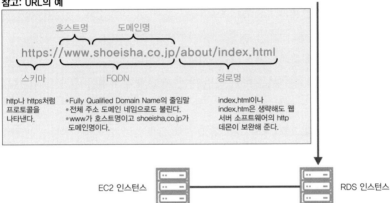

database-awsnosikumi.xxxxxxxx.ap-northeast-1.rds.amazonaws.com

참고: URL의 예

호스트명 　　도메인명

https://www.shoeisha.co.jp/about/index.html

스키마　　　　　　FQDN　　　　　　　　　경로명

http나 https처럼 프로토콜을 나타낸다.	• Fully Qualified Domain Name의 줄임말 • 전체 주소 도메인 네임으로도 불린다. • www가 호스트명이고 shoeisha.co.jp가 도메인명이다.	index.html이나 index.htm은 생략해도 웹 서버 소프트웨어의 http 데몬이 보완해 준다.

EC2 인스턴스　　　　　　　　　　　　　　　　　　RDS 인스턴스

그림 7-8 보안 그룹의 정의 개요

예를 들어, RDS 인스턴스에 대한 보안 그룹을 정의하지 않으면...

EC2　✕　RDS

보안 그룹

보안 그룹에 연결할 권한을 정의하지 않으면 EC2가 있어도 연결할 수 없다.

예를 들어, RDS 인스턴스에 대한 보안 그룹을 정의하면...

EC2　　　RDS

IP주소 :
xxx.xxx.xx.xx

보안 그룹

예를 들어, MySQL이라면 포트번호 3306에 IP 주소 xxx.xxx.xx.x를 가진 EC2는 통과해도 된다고 정의한다.

Point

✔ DB 엔드포인트와 데이터베이스 포트는 RDS 연결에 필수적인 항목이다.

✔ RDS 인스턴스는 EC2 인스턴스와는 별개 항목에서 주의할 필요가 있다.

데이터베이스 생성

RDS를 이용하는 3단계

3장에서 EC2를, 6장에서 VPC 생성 예를 설명했습니다. RDS는 이를 이해한 후 앞 절에서 언급한 항목에 주의하며 생성할 필요가 있습니다.

RDS를 이용하기까지 자세히 이야기 하면 다음 세 단계로 표현할 수 있습니다. 각각의 요점은 다음과 같습니다.

❶ **데이터베이스 생성**(그림 7–9) : 엔진 유형 선택, 인증 정보, 인스턴스 클래스, 스토리지, VPC와 서브넷, 보안 그룹, 백업 및 유지관리

❷ **연결 준비 및 연결** : EC2에 **DB 클라이언트 설치**, EC2에서 연결 확인

❸ **데이터 입력 및 활용** : 도구 정비, 데이터 정비

위의 ❶이 주를 이루지만, ❷와 ❸도 미리 준비해 둘 필요가 있습니다.

DB 클라이언트가 없으면 연결할 수 없다

연결 준비는 Session Manager(3–15 절 참조) 또는 SSH로 EC2 인스턴스에 연결 하여 **DB 클라이언트를 설치합니다.** 그리고 DB에 대한 연결을 명령어 등으로 확인 합니다(그림 7–10 위).

실무로는 데이터베이스 생성 후의 데이터 입력과 이용도 있습니다. 데이터베이스 엔 진에 적합한 툴로 운영합니다. 예를 들어, MySQL의 경우 초기 설정과 테이블 생성 등을 브라우저로 처리하기 위해 phpMyAdmin이나 MySQL Workbench 등을 사 용할 수 있습니다(그림 7–10 아래).

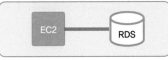
그림 7-9 데이터베이스 생성의 개요

데이터베이스 생성

- 엔진 유형 선택 ⋯⋯ 그림 7-3
- 자격 증명 (마스터 사용자 이름과 암호) ⋯⋯ 7-4 절
- DB 인스턴스 클래스 선택 ⋯⋯ 그림 7-6
- 스토리지(유형 및 용량)
- VPC와 서브넷 ⋯⋯ 6-4, 6-6 절
- 보안 그룹 ⋯⋯ 그림 7-8
- 백업 및 유지 보수 ⋯⋯ 그림 7-4

* 기본적으로 EC2 인스턴스 생성과 비슷하다.
* 표준 생성과 손쉬운 생성이 있는데, 한 번 손쉬운 생성으로 해보고 표준 생성으로 진행하기를 추천한다.
* 마스터 사용자 이름과 암호는 중요하다.
* EC2가 구현된 VPC를 선택하고, 퍼블릭 액세스 없이 보안 그룹을 새로 만드는 것이 나중에 이해하기 쉽다.

VPC는 항상 의식할 것

EC2 —— RDS

기본적으로 애플리케이션 서버의
EC2 인스턴스와 RDS 인스턴스는 같은 VPC에 둔다.

그림 7-10 DB 인스턴스에 연결할 EC2 인스턴스 쪽에서 필요한 작업

연결 준비

- EC2에 DB 클라이언트 설치
- EC2에서 연결 확인

MySQL의 경우, EC2에서 다음 명령을 입력한다.
`sudo yum install mysql`

MySQL의 경우, EC2에서 다음 명령을 입력한다.
`mysql -h 엔드포인트 -P 포트 -u 사용자 이름 -p 데이터베이스 이름`

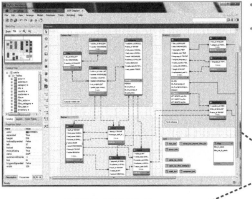

- MySQL Workbench에서는 데이터베이스
설계, 개발, 관리 등을 할 수 있다.
- 그림과 같은 ER 모델 만들기, 서버 설정,
사용자 관리, 백업 등 다양한 전문 기능을
제공하는 공식 도구

- phpMyAdmin은 MySQL을 브라우저로 관리할 수 있는 도구
- 데이터베이스나 테이블 생성 및 수정, 그밖에 이용에 꼭 필요한
기능이 망라되어 있다. 우선은 이쪽을 추천한다.

Point
✔ 데이터베이스를 생성하고 이용하기까지 크게 세 단계가 있다.
✔ DB 클라이언트 설치 등도 잊지 말아야 한다.

다양한 데이터베이스 기술 ①
～ RDB와 기타 DB ～

기존 데이터베이스

온프레미스 업무 시스템에서 데이터베이스라고 하면 SQL Server나 Oracle, DB2, Access와 같은 **RDB**를 떠올리는 사람이 많을 것입니다.

RDB는 아마존에서는 RDS라고 하는데, 관계형 데이터베이스이고 데이터를 테이블이나 표로 관리하며 이들의 관계성을 정의함으로써 다양한 데이터 처리를 가능하게 합니다. 어떤 값을 갱신하면 관계가 있는 테이블의 값도 자동으로 갱신할 수 있고, 테이블을 결합하거나 참조해 또 다른 새로운 테이블을 생성할 수 있는 등의 특징이 있습니다(그림 7-11).

또한, 데이터베이스는 **SQL**(Structured Query Language)이라는 전용 언어를 이용해 데이터를 관리합니다. 정교한 데이터 관리가 가능한 반면, 복잡한 구조로 인해 데이터양 증가에 신속하게 대응할 수 없다는 단점도 있습니다.

최근 10년간의 추세를 보면, RDB뿐만 아니라 용도와 상황에 맞는 다양한 데이터베이스 유형이 활용되고 있습니다.

현대적인 데이터베이스

최근에는 SQL만 사용하는 것이 아닌 **NoSQL**(Not only SQL)의 활용이 증가하고 있습니다. NoSQL에는 하나의 키에 하나 또는 여러 개의 값을 갖게 하는 단순한 구조의 **KVS**(Key-Value Store), 키에 문서 데이터를 갖게 하는 **문서 지향** 등 다양한 유형이 있습니다. 그림 7-12처럼 단순한 구조로 되어 있으므로 서버와 디스크를 늘려서 데이터 증가에 대응할 수 있습니다.

NoSQL이 필요한 이유는 웹 검색처럼 대량의 데이터로부터 규칙성 유무를 떠나 관련이 있는 단어나 데이터를 찾고자 하는 등의 니즈에 있습니다. 데이터베이스 자체도 단순하지만, **데이터가 급증하거나 다소 모호한 요구에도 힌트를 얻을 수 있는 구조입니다.**

AWS에서는 Amazon DynamoDB(7-8 절 참조)가 NoSQL 데이터베이스를 지원합니다.

그림 7-11 RDB의 개요

테이블(표) 1

부서 코드	부서명
0001	총무부
0002→0012	경리부
0003	영업부

테이블(표) 2

사원 ID	이름	부서 코드
100202	AAA	0001
100203	BBB	0002→0012
100204	CCC	0002→0012

- 관계형 데이터베이스에서는 데이터의 관계성이 정의되어 있다.
- 테이블 1의 부서 코드가 바뀌면 테이블 2의 부서 코드도 자동으로 바뀐다.

그림 7-12 KVS와 문서 지향의 개요

KVS의 예

테이블(표) 1

이 름	부서 코드
AAA	0001
BBB	0002
CCC	0002

테이블(표) 2

부서 코드	부서명
0001	총무부
0002	경리부
0003	영업부

- 키(왼쪽)와 값(오른쪽)의 관계에 특화
- 키=0002이면, 경리부가 표시된다.
- 테이블별로 서버와 스토리지를 분리하기 쉽다.
- Redis나 Riak 등이 있다.

문서 지향의 예

```
{"jid" : "100202" , "jname" : "AAA" , "bcd" :
  "0001" , "bname" : " 총무부"}
{"jid" : "100203" , "jname" : "BBB" , "bcd" :
  "0002" , "bname" : " 경리부"}
{"jid" : "100204" , "jname" : "CCC" , "bcd" :
  "0002" , "bname" : " 경리부"}
```

- 예를 들어, bname에 경리부를 포함한 jname으로 검색하면 BBB와 CCC가 표시된다.
- MongoDB 등이 있다.

Point

✔ 예전에는 데이터베이스라고 하면 RDB를 가리키는 경우가 많았다.

✔ NoSQL은 검색 및 데이터 급증에 대응하기 쉬운 구조다.

다양한 데이터베이스 기술 ②
~ 전문 검색이라는 선택지 ~

완전 일치인가? 관련성의 유무인가? //

앞 절에서 데이터베이스에는 RDB뿐만 아니라 KVS, 문서 지향 등 다양한 종류가 있다는 것을 설명했습니다.

예를 들어, 그림 7-13의 왼쪽처럼 KVS에서는 키와 값을 세트로 구성합니다. 하지만 그곳에 포함된 키로 검색을 하지 않으면 원하는 값을 찾기가 어렵습니다. 반면에 **전문 검색(Full Text)** 애플리케이션의 경우에는 그림 7-13의 오른쪽처럼 반드시 특정 키를 의식하지 않아도 가격 등의 문자열로부터 원하는 값을 찾을 수 있습니다.

전문 검색은 임의의 문자열을 키로 하여 **여러 문서를 포함해 검색함으로써 원하는 데이터를 찾아내는 기능**을 제공합니다. 이때 KVS 등에서는 키와 짝을 이루는 값을 찾아내지만, 전문 검색에서는 완전히 일치하는 값이 아닌 연관성이 높은 값을 반환해 줍니다. 구글과 같은 검색엔진은 대량의 HTML 등의 문서에서 관련성 있는 데이터를 찾아주는데, 이와 비슷한 메커니즘입니다.

전문 검색과 데이터베이스 소프트웨어를 함께 사용하면 다양한 검색 및 데이터 분석 요구에 대응할 수 있습니다.

전문 검색과 데이터베이스의 조합 //

전문 검색 엔진으로는 **Elasticsearch**의 이용이 증가하고 있습니다. 데이터베이스 소프트웨어와 결합하면 완전히 일치하는 데이터뿐만 아니라 연관성이 높은 데이터까지 검색할 수 있습니다.

그림 7-14는 웹 로그를 분석하는 시스템의 구성 예인데, Elasticsearch 이외에도 결과를 시각화해서 보여주는 Kibana 등이 포함되어 있습니다.

AWS에서는 Elasticsearch를 완전 관리형으로 제공하는 서비스로서 Amazon OpenSearch Service가 있으며 Kibana 등도 지원합니다.

그림 7-13   KVS와 전문 검색의 차이

KVS에서는 "AAA"나 "0001"처럼 키로 검색해야만 한다.

테이블 (표) 1

키

이 름	부서 코드
AAA	0001
BBB	0002
CCC	0003

테이블 (표) 2

키

부서 코드	부서명
0001	총무부
0002	경리부
0003	영업부

전문 검색에서는 설정에 따라 목적에 맞게 검색할 수 있다.

20220411

이름 : SE, 평점 : 4, 댓글 : 맛은 괜찮아요
이름 : 길동 , 평점 : 3, 댓글 : 가격대비 보통임
이름 : 아는형 , 평점 : 5, 댓글 : 또 주문할게요!
.
.
'가격'으로 이 댓글이나 문서가 검색된다.

20220412

이름 : 오지마, 평점 : 4, 댓글 : 값이 조금만 더 싸면 좋겠네요
이름 : KIM, 평점 : 5, 댓글 : 우리 집 근처에서는 살 수 없어요.
이름 : 야옹이 , 평점 : 4, 댓글 : 포장이 좀 더 예쁘면 더 좋을 것 같아요
.
.
'가격'의 동의어로 '값'을 포함하면, 이 댓글이나 문서가 검색된다.

- 전문 검색 엔진으로는 Elasticsearch나 Apache Solr 등이 있다.
- 최근에는 RDB에서도 기능을 추가해서 전문 검색을 지원할 수 있다.
- 영문 표기로는 Full Text Search라고 한다.

그림 7-14   Elasticsearch를 이용한 로그 분석 시스템의 구성

가상 서버 상에 로그 분석 시스템을 구성하는 예

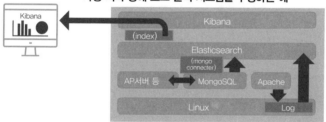

- Elasticsearch는 전문 검색(Full-Text Search) 엔진이다.
- 전문 검색은 문자열을 키로 여러 문서를 포함해서 검색하고 원하는 데이터를 찾아내는 기능으로 검색 엔진의 기초가 되는 구조다.
- MongoSQL 및 Linux 액세스 로그가 저장되는 Log 폴더에 Elasticsearch의 액세스 권한(ReadOnly)을 부여해 데이터를 읽고 분석한다.
- 분석 결과는 Index 파일로 정리된다(어떤 파일의 어디에 무엇이 포함되어 있는지 인덱스된다).
- Kibana는 이 Index의 정보를 도표로 표시한다.

Point

✔ 전문 검색은 여러 문서에서 관련성 있는 데이터를 찾아낼 수 있다.

✔ 전문 검색 엔진과 데이터베이스를 결합하면 다양한 데이터 분석 요구에 대응할 수 있다.

DynamoDB 사용하기

NoSQL 데이터베이스 서비스

AWS에서 RDS는 RDB의 대표주자인데, NoSQL · KVS 데이터베이스의 대표주자로는 **Amazon DynamoDB**가 있습니다. RDB가 적합하지 않거나 데이터 간의 관계나 활용 상황이 모호한 상태에 있는 데이터 관리 등에 적합합니다.

DynamoDB는 **완전 관리형 서비스**이므로 RDS와 달리 사용자가 DB용 인스턴스를 만들고 RDB 소프트웨어를 설치할 필요가 없습니다. 필요에 따라 데이터를 입력 혹은 임포트하여 그대로 사용할 수 있는 상태입니다. 데이터 양이 많아지면 자동으로 스케일링되고, 리전의 여러 AZ에서 자동으로 백업됩니다(그림 7-15).

고성능 SSD를 사용함으로써 데이터 읽기 및 쓰기도 빨라 다양한 애플리케이션에서 사용할 수 있습니다.

테이블, 항목 생성

DynamoDB는 이용 시 **테이블 생성부터 시작**합니다. RDS에서는 데이터베이스 엔진과 인스턴스를 결정하는 단계부터 시작하지만, DynamoDB에서는 이는 이미 완료된 상태이며 7-5 절에서 말하는 **데이터 입력과 이용부터 시작**하는 이미지입니다.

실제로 이용할 때는 '테이블 생성' → '항목 생성'의 흐름으로 데이터를 입력할 수 있습니다(그림 7-16). 쿼리를 비롯해 기본적인 데이터 조회 및 추출 기능도 갖추고 있습니다. 예를 들어, IAM 사용자 간에 DynamoDB나 테이블을 공유할 수 있게 하면 그룹 단위 데이터베이스 시스템으로 사용할 수도 있습니다.

그림 7-15 Amazon DynamoDB와 RDS의 특징 비교

	DynamoDB	RDS
데이터베이스	NoSQL · KVS	RDB · SQL
서비스	완전 관리형(인스턴스 생성과 데이터베이스 소프트웨어 설치 불필요)	관리형(인스턴스 생성 및 데이터베이스 소프트웨어 설치)
스케일	자동	수동 또는 자동
백업	리전 내 복수 AZ에 자동으로 백업	멀티 AZ 등을 선택, 다양한 설정 및 선택을 할 수 있다.

※ DynamoDB는 완전 관리형 서비스이므로 이용 문턱이 낮다.
※ 이 장에서는 RDS와 DynamoDB를 중심으로 설명했는데, 그 밖에도 빠르고 심플한 데이터 웨어하우스인 Amazon Redshift, 인메모리 데이터스토어 서비스인 Amazon Elastic Cache, 그래프 데이터베이스 서비스의 Amazon Neptune 등이 있어 다양한 선택지 중에서 최적의 DB를 선택할 수 있다.

그림 7-16 테이블과 항목 생성의 예

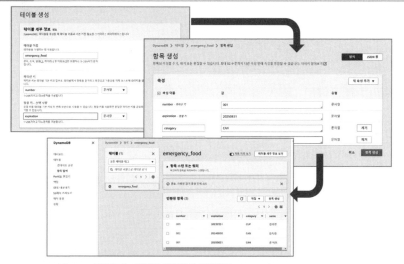

● DynamoDB에서는 테이블 생성부터 시작한다.
● 테이블을 구성하는 중요한 키(파티션 키, 정렬 키)를 결정하면 입력할 수 있다.
● 화면은 비상식 관리(테이블명 : emergency_food) 테이블을 생성한 예이다.

Point

✔ DynamoDB는 RDS와 달리 KVS의 데이터베이스로 완전 관리형 서비스이다.

✔ DynamoDB는 바로 사용할 수 있는 서비스로 테이블 생성과 데이터 입력으로 시작된다.

AWS 구성도 작성

3장 EC2에서 시작해서 4장 S3, 6장 VPC, 7장 RDS까지 설명했습니다. 최소한이지만 기본적인 시스템 구성에 필요한 요소가 계속해서 갖추어지고 있습니다. 이제 슬슬 AWS의 서비스 및 시스템 구성도를 작성해 보고 싶어질 때입니다.

지금 머리에 떠오른 시스템(AWS에서는 시스템을 워크로드라고 표현하는 경우가 많음)이나 온프레미스로 동작하는 시스템을 대상으로 하여 구성을 생각해 봅시다.

간단하게 생각하기 위해, 서울 리전을 이용하는 것을 전제로 합니다. 3장부터 7장까지의 설명을 참고해 만들어 봅시다. 예를 들어, 웹에서 ㅇㅇ하는 시스템이라든지, ㅁㅁ업무 등으로 생각하면 현실적입니다.

VPC가 하나 놓여 있는데, 아래 EC2 등의 일러스트를 참고하면서 작성해 보세요.

작성에 적합한 접근 방식

구성을 고려할 때, 리전 → AZ → VPC처럼 큰 상자에서 작은 상자 순으로 고려하는 접근법도 있고, EC2 + RDS + VPC 등과 같이 작은 상자를 쌓아 올리는 방식도 있습니다. 실제로는 다양한 다양한 관점으로 접근한 결과로써 동일한 구성이 되는 것이 가장 좋습니다.

Chapter 8

AWS의 앞서 나가는 서비스

선진 기술 및 트렌드의 서비스

서버리스 서비스 이용하기

DynamoDB와 S3와 Lambda의 조합

서버리스(Serverless)는 **사용자가 서버에 대해 생각할 필요가 없거나 서버를 관리하지 않아도 된다는 것**을 의미합니다. 서버 구축과 관련된 프로비저닝(준비), 스케일링, 로드 밸런싱, 백업 등의 작업에 신경 쓸 필요가 없습니다. AWS에서 프로그램을 실행하는 장소로서의 서버리스 서비스로 **AWS Lambda**(람다)가 있습니다.

Lambda는 프로그램 단위로 구현 및 실행할 수 있는 서비스로, 사용자 입장에선 전용 가상 애플리케이션 서버가 제공되는 셈입니다. 좀 더 구체적으로는 설명하면 어떤 이벤트가 발생했을 때 코드를 실행하는 구조입니다. Lambda는 DynamoDB나 S3 등과도 궁합이 잘 맞는 서비스이기도 합니다.

DynamoDB는 7-8 절에서 설명한 것처럼 사용자는 서버와 데이터베이스의 복잡한 작업과 관리를 신경 쓰지 않고 사용할 수 있습니다. 자동으로 확장되고 운영 관리되는 DynamoDB, S3 등을 결합하여 EC2와 같은 서버를 사용하지 않고도 시스템을 구성할 수 있습니다(그림 8-1).

개발환경 지원

Lambda를 실제로 이용할 경우에는 코드를 작성하는 노하우가 필요합니다. Lambda는 Python, Java, PHP, Go, Node.js, C#, Ruby, PowerShell과 같은 주요 언어를 지원하고 **AWS SDK**(소프트웨어 개발 키트)로 라이브러리를 제공합니다(그림 8-2). 다음 절에서는 Python으로 Lambda를 구현하는 예를 설명합니다. 코드 자체는 최소한의 설명으로 끝나며, 코드를 실행하지 않으면 요금이 발생하지 않습니다.

AWS 환경에서 실용적인 프로그래밍에 도전해 보려는 분은 Lambda와 Python의 조합으로 시작해 보는 건 어떨까요?

그림 8-1 DynamoDB와 S3를 Lambda와 조합해서 사용하는 예

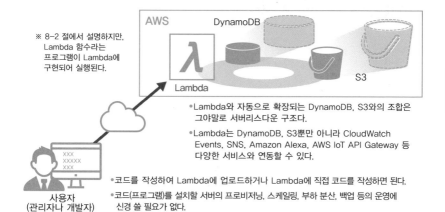

※ 8-2 절에서 설명하지만, Lambda 함수라는 프로그램이 Lambda에 구현되어 실행된다.

AWS
DynamoDB
λ
Lambda
S3

사용자
(관리자나 개발자)

- Lambda와 자동으로 확장되는 DynamoDB, S3와의 조합은 그야말로 서버리스다운 구조다.
- Lambda는 DynamoDB, S3뿐만 아니라 CloudWatch Events, SNS, Amazon Alexa, AWS IoT API Gateway 등 다양한 서비스와 연동할 수 있다.
- 코드를 작성하여 Lambda에 업로드하거나 Lambda에 직접 코드를 작성하면 된다.
- 코드(프로그램)를 설치할 서버의 프로비저닝, 스케일링, 부하 분산, 백업 등의 운영에 신경 쓸 필요가 없다.

그림 8-2 Lambda 실행 환경 개요

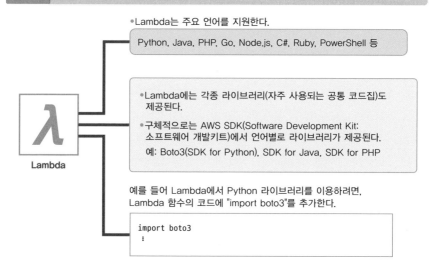

λ
Lambda

- Lambda는 주요 언어를 지원한다.

Python, Java, PHP, Go, Node.js, C#, Ruby, PowerShell 등

- Lambda에는 각종 라이브러리(자주 사용되는 공통 코드집)도 제공된다.
- 구체적으로는 AWS SDK(Software Development Kit: 소프트웨어 개발키트)에서 언어별로 라이브러리가 제공된다.
  예: Boto3(SDK for Python), SDK for Java, SDK for PHP

예를 들어 Lambda에서 Python 라이브러리를 이용하려면, Lambda 함수의 코드에 "import boto3"를 추가한다.

```
import boto3
 :
```

Point
✔ 서버리스는 사용자가 서버를 생각하지 않아도 되고 관리하지 않아도 된다는 것을 의미한다.
✔ AWS에서 서버리스라고 하면 Lambda를 들 수 있다.

Chapter
8
AWS의 앞서 나가는 서비스

Lambda 이용 사례

Lambda의 대표적인 이용 사례

8-2 절에서 AWS Lambda의 개요에 관해 설명했습니다. AWS Lambda는 이벤트에 따라서 프로그램을 실행하는데, 이 프로그램을 **Lambda 함수**라고 합니다.

Lambda가 실제로 많이 사용되는 상황은 S3에 파일을 업로드했을 때, 업로드되었다는 **이벤트**를 트리거로 하여 Lambda 함수를 자동으로 실행하는 것입니다(그림 8-3). Lambda 함수에서는 앞 절에서도 소개한 것처럼 Python, Java, PHP 등 다른 대중적인 프로그래밍 언어를 이용할 수 있습니다.

DynamoDB와 조합할 경우, DynamoDB에 항목(데이터)이 추가됐을 때 Lambda 함수를 실행하는 방법도 있습니다. 이벤트 발생을 시작점으로 하므로, 예를 들어 영상이 업로드 되면 썸네일을 만드는 등 백엔드에서 웹 애플리케이션을 이용하는 상황에 적합합니다.

Lambda를 이용할 때

Lambda가 편리하고 간단한 서비스처럼 보여도, 실제로 사용할 때는 준비가 필요합니다. 예를 들어, DynamoDB에 Python을 이용하여 Lambda 함수를 사용하는 경우에는 다음과 같은 준비가 필요합니다.

- ◆ DynamoDB에 액세스해 Lambda 실행 권한이 있는 IAM 역할 만들기
- ◆ Python 실행 환경에서 서비스
- ◆ Lambda 함수 생성(그림 8-4)

Lambda 함수 생성에만 주의를 기울이기 쉽지만, **IAM이나 각 언어의 실행 환경 정비**도 잊지 않도록 합시다.

그림 8-3　Lambda의 대표적인 이용 사례

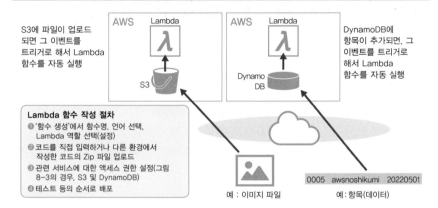

S3에 파일이 업로드 되면 그 이벤트를 트리거로 해서 Lambda 함수를 자동 실행

DynamoDB에 항목이 추가되면, 그 이벤트를 트리거로 해서 Lambda 함수를 자동 실행

Lambda 함수 작성 절차
❶ '함수 생성'에서 함수명, 언어 선택, Lambda 역할 선택(설정)
❷ 코드를 직접 입력하거나 다른 환경에서 작성한 코드의 Zip 파일 업로드
❸ 관련 서비스에 대한 액세스 권한 설정(그림 8-3의 경우, S3 및 DynamoDB)
❹ 테스트 등의 순서로 배포

예 : 이미지 파일

0005　awsnoshikumi　20220501

예 : 항목(데이터)

그림 8-4　Lambda 함수 생성 예

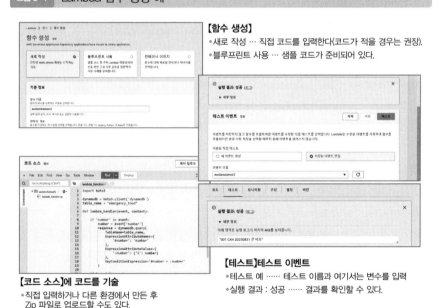

【함수 생성】
• 새로 작성 ⋯ 직접 코드를 입력한다(코드가 적을 경우는 권장).
• 블루프린트 사용 ⋯ 샘플 코드가 준비되어 있다.

【코드 소스】에 코드를 기술
• 직접 입력하거나 다른 환경에서 만든 후 Zip 파일로 업로드할 수도 있다.

【테스트】테스트 이벤트
• 테스트 예 ⋯⋯ 테스트 이름과 여기서는 변수를 입력
• 실행 결과 : 성공 ⋯⋯ 결과를 확인할 수 있다.

Point

✔ Lambda는 이벤트를 트리거로 실행한다.

✔ Lambda는 편리하지만 IAM 생성 및 프로그래밍 언어 실행 환경을 정비할 필요가 있다.

본격적인 머신러닝을 실현하는 서비스

AI의 주요 서비스

AWS의 AI에 대한 주요 서비스로 **Amazon SageMaker**가 있습니다. SageMaker 는 **머신러닝 프로세스 전체를 제공하는 완전 관리형 서비스로**, 대기업과 연구기관 등에서도 이용됩니다.

빌트인 알고리즘으로 불리는 선형회귀, K-NN, Word2Vec 등 표준 알고리즘 모델 을 다수 갖추고 있습니다(그림 8-5).

머신러닝을 실행하려면 개발환경 구축과 학습 데이터를 정비하는 개발 단계, 학습 데이터를 사용하여 모델을 만드는 학습 단계, 학습된 모델로 필요한 데이터에 대해 처리를 수행하는 실행 및 추론 단계로 진행되는 경우가 많습니다. SageMaker에서 는 이러한 프로세스도 명시되어 있습니다.

SageMaker의 구성

유명한 도구인 **Jupyter Notebook** 인스턴스 환경이 구축되어 있어, Jupyter에서 학 습용 인스턴스를 시작하여 S3에 학습 데이터와 학습된 모델을 저장합니다. ECR이 라는 컨테이너에 빌트인 알고리즘이 들어 있는 구성으로, 모델이 완성되면 추론을 실행합니다(그림 8-6).

AI는 실제로 해보면 개발 환경을 구축하고 모델을 만들기까지 상당한 시간이 소요됩 니다. 하지만 SageMaker를 이용하면, 각 과정을 원활하게 진행할 수 있을 뿐만 아 니라, **표준 알고리즘이 준비되어 있어 어떠한 구성과 순서로 실시할지가 명확하므로 직접 실행할 수 있습니다.** SageMaker는 본격적인 AI 활용을 고려하는 기업이나 단체에 적합한 서비스라고 할 수 있습니다.

그림 8-5　SageMaker가 제공하는 알고리즘 개요

모델	알고리즘	이용 사례
Linear Learner	선형회귀	분류, 회귀 등의 분석
XGBoost	XGBoost	분류, 회귀 등의 분석
PCA	주성분 분석	차원축소
k-means	k 평균법	클러스터링
k-NN	k-최근접 이웃법	클러스터링
Factorization Machines	행렬분해	추천, 분류, 회귀
Random Cut Forest	robust random cut tree	시계열 데이터 이상 탐지
LDA	생성적 통계 모델	토픽 모델
이미지 처리	ResNet, SSD, FCN 외	분류, 이미지 내에서의 검출
자연어 처리	Deep LSTM, MTM, Word2Vec 외	요약, 음성인식, 구조화 외
시계열	Autoregressive RNN	확률적 시계열 예측
이상 탐지	NN	악의적 IP 주소 검출

출처 : AWS 〉 문서 〉 Amazon SageMaker 〉 개발자 가이드 정보를 바탕으로 작성

그림 8-6　Jupyter Notebook의 구성

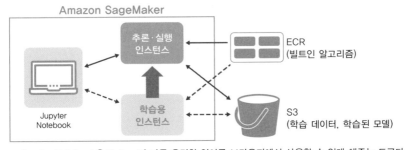

Amazon SageMaker

- Jupyter Notebook은 Python과 다른 유명한 언어를 브라우저에서 사용할 수 있게 해주는 도구다.
- AI의 개발과 실행 환경이 이미 구축되어 있는 것이 큰 장점이다.
- EC2 등과 비교하면 AI 인스턴스는 실행에 시간이 걸리는 점이 흥미롭다.

※ Amazon SageMaker 소개 페이지를 참고로 작성

Point

✔ 본격적인 머신러닝 지원 서비스로 Amazon SageMaker가 있다.

✔ SageMaker는 기본 환경과 표준 알고리즘을 제공하므로 직접 구축하는 것보다 빠르게 실현할 수 있다.

Chapter 8

AWS의 앞서 나가는 서비스

DX 실현 가이드

DX란?

DX는 Digital Transformation(디지털 트랜스포메이션)의 줄임말로, **기업이나 단체가 디지털 기술을 활용해 경영과 사업 혁신을 실현하려는 노력**을 말합니다. 디지털 기술은 비교적 새로운 정보통신기술의 총칭입니다. 지금까지 설명한 것도 포함되지만, 예를 들면 다음과 같은 기술이 이에 해당됩니다(그림 8-7).

- ◆ AI(Artifi cial Intelligence: 인공지능)
- ◆ IoT(Internet of Things)
- ◆ AR(Augmented Reality : 증강현실) 및 VR(Virtual Reality : 가상현실)
- ◆ 웹 기술
- ◆ API(Application Programming Interface)
- ◆ 블록체인

물론, 여기에 클라우드를 포함해서 이야기할 수도 있습니다.

DX 구현을 지원하는 AWS 서비스

실제로 DX의 실현이나 디지털 기술 도입을 검토할 때에 주의해야 할 것은 사용자가 이용하는 디바이스 측 **프론트엔드** 기술인가, 서버 측 **백엔드** 기술인가입니다. AWS 는 클라우드이므로 기본적으로 백엔드 서비스이지만 프론트엔드를 지원하는 서비스 도 있습니다.

디지털 기술도 프론트엔드와 백엔드로 나누어 생각하면 더욱 상세하고 현실적으로 생각할 수 있습니다. **AWS에서도 DX 실현을 위한 가이드로서 각 기술에 따른 서비 스가 제공됩니다**(그림 8-8).

그림 8-7 디지털 기술에 해당하는 중요 기술

그림 8-8 백엔드 디지털 기술과 AWS의 관련 서비스의 예

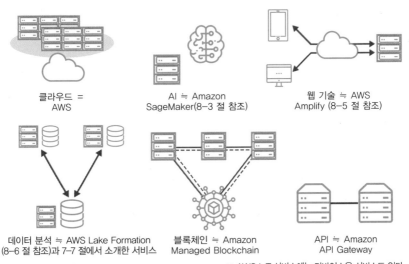

클라우드 =
AWS

AI ≒ Amazon
SageMaker(8-3 절 참조)

웹 기술 ≒ AWS
Amplify (8-5 절 참조)

데이터 분석 ≒ AWS Lake Formation
(8-6 절 참조)과 7-7 절에서 소개한 서비스

블록체인 ≒ Amazon
Managed Blockchain

API ≒ Amazon
API Gateway

※ AWS IoT 서비스에는 디바이스용 서비스도 있다

Point

✔ DX는 기업이나 단체가 디지털 기술을 활용해 경영과 사업 혁신을 실현하는 노력.

✔ AWS에는 DX 실현과 디지털 기술 도입을 지원하는 다양한 서비스가 있다.

웹 기술 경쟁

구글이 주도하던 영역

아마존은 객체 스토리지를 개발해서 대중화하고, 구글은 쿠버네티스(Kubernetes)로 컨테이너의 실용화를 추진하는 등 클라우드와 IT 업계에서 양사는 기술 및 서비스로 주도권 싸움을 벌여왔습니다. AI나 데이터 분석 등에서 기술적 차이는 있지만, 전체적으로는 비슷한 서비스를 제공하고 있습니다.

그중 최근 몇 년간 AWS가 구글에 비해 열세처럼 보인 분야가 바로 웹 앱과 모바일 앱의 개발 및 서비스를 제공하는 환경입니다. 원래 이 분야는 안드로이드를 비롯해 구글이 강세를 보이는 분야였고, Firebase의 통합 등도 있어 앞서가고 있었습니다.

구글의 Firebase는 선진적인 웹 앱과 모바일 앱 개발 및 서비스를 제공하는 플랫폼입니다. 사용자 인증, 이벤트 기반 기능, 호스팅, 데이터베이스, 스토리지 등의 기능이 상호 연동되어 서버리스 환경에서 배포할 수 있습니다. 실제로 활용하면 기본 환경 구축과 규모에 따라 다르지만, 프로젝트의 전체 공수를 절반으로 줄일 수 있습니다.

비교적 새로운 서비스 AWS Amplify

AWS의 서비스로 AWS Amplify라는 것이 있습니다. 2019년부터 제공되기 시작한 비교적 새로운 서비스인데, Firebase와 거의 유사한 기능을 제공합니다(그림 8-9). AWS의 이전 실적을 바탕으로 Amplify는 단기간에 높은 인지도를 얻었습니다. Firebase와 AWS Amplify는 하나의 예이지만, 한쪽이 앞서 나가고 다른 쪽이 뒤쫓는 분야는 언제나 존재합니다.

그러한 서비스 측면에서의 차이와는 별개로 특징적인 차이점은 **AWS에서는 사용자 등록 후 즉시 각 서비스에서 생성을 진행하지만, GCP에서는 이용할 때 프로젝트 생성부터 시작하는** 점입니다(그림 8-10).

그림 8-9 구글의 Firebase와 AWS Amplify 개요

Firebase 프로젝트

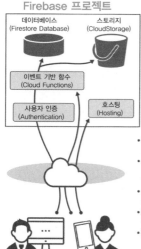

데이터베이스
(Firestore Database)

스토리지
(CloudStorage)

이벤트 기반 함수
(Cloud Functions)

사용자 인증
(Authentication)

호스팅
(Hosting)

웹이나 모바일 서비스 사용자

AWS Amplify

※Firebase와 비교
하면 후발 주자로,
그만큼 세분화되어
충실해 보인다.

• Firebase는 웹앱과 시스템에 필요한
  기능을 제공해 서로 연계할 수 있다.
• 서버리스 환경의 Firebase의 구조를
  이해하고 개발하면 공수를 크게 줄일 수
  있다.
• 선진적인 웹앱과 모바일앱을 뒷받침하는
  기반
• Firebase는 기능과 구조가 Amplify보다
  간단해서 Firebase로 표시했다.
• 왼쪽은 사용자 관리가 수반되는 웹앱의 예

• Authentication 외 Firebase와
  거의 동일한 기능이 갖추어져 있다.
• Firebase보다 기능이 세분화되어
  있어 API가 잘게 쪼개져 있다는
  특징이 있다.
• AWS 사용자는 이쪽이 더 시작하기
  쉬울지도 모른다.

출처 : 'AWS Amplify로 시작하는 앱 개발'
(URL : https://aws.amazon.com/jp/
builders-flash/202103/amplify-app-
development)

Chapter
8

AWS의 앞서 나가는 서비스

그림 8-10 AWS와 GCP 이용 시 차이점

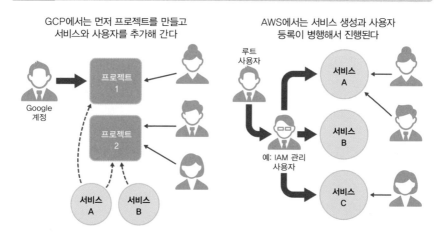

GCP에서는 먼저 프로젝트를 만들고
서비스와 사용자를 추가해 간다

AWS에서는 서비스 생성과 사용자
등록이 병행해서 진행된다

Google
계정

프로젝트
1

프로젝트
2

서비스
A

서비스
B

루트
사용자

예: IAM 관리
사용자

서비스
A

서비스
B

서비스
C

Point

✔ 웹앱을 위한 진보된 서비스로서 AWS Amplify가 있다.

✔ AWS와 GCP는 이용할 때 진행 방식이 다르다.

데이터 솔루션의 진화

이전에는 하나의 S3에 데이터를 저장했다 \\

데이터 레이크는 클라우드 상에 다양한 유형의 정형 데이터와 비정형 데이터를 함께 저장하는 개념입니다. **다양한 데이터를 가능한 있는 그대로의 상태로 거대한 스토리지에 저장하고, 필요에 따라 데이터를 꺼낸다거나 정형화해 분석이나 AI 등에 활용합니다.**

최근 몇 년간 데이터 레이크라는 말이 알려지면서 그 필요성이 커지고 있습니다. 시스템 기반으로 클라우드를 활용하다 보니 도입 장벽도 계속해서 낮아지고 있습니다.

예를 들어, 이전의 AWS에서는 그림 8-11처럼 방대한 데이터를 S3에 저렴하게 저장하고 필요할 때 SQL로 비교적 쉽게 분석할 수 있는 Amazon Athena나 분석을 위해 데이터를 준비하는 AWS Glue 등을 활용하는 방식을 제안했습니다.

현재는 2개의 S3에 데이터를 저장한다 \\

현재는 AWS에서 데이터 레이크 지원을 더욱 신속하게 하고자 **AWS Lake Formation**을 강화했습니다. Lake Formation에서는 우선 데이터를 업로드하는 S3에 더해 데이터 레이크용으로 활용하는 S3(Data Lake Storage)가 있습니다. 핵심인 Lake Formation에서 데이터에 태그를 붙여 카탈로그화하고 그림 8-12처럼 전용 S3에 저장합니다.

S3를 여러 개로 구분해 사용하는 구성, 혹은 새로운 S3 활용법은 획기적입니다. 참고로 경쟁사인 구글은 비정형 데이터는 Google Cloud Storage에, 정형 데이터는 BigQuery Storage에 저장할 것을 권장합니다.

데이터 레이크의 시스템 구성은 **앞으로도 요구에 따라 계속 변화**할 것으로 예상되지만, 현재로서는 복수의 대용량 스토리지로 구분해 사용하는 것이 대세입니다.

그림 8-11 AWS 이전의 데이터 레이크

다양한 데이터

데이터
레이크용 S3

Amazon
Athena

아테나는 주로
SQL로 분석

Amazon
Glue

글루는 데이터
추출이나 변환 등의
데이터 로드를 한다

데이터가 필요한
워크로드나
서비스로

• 이전의 데이터 레이크는 데이터 레이크용 S3에 데이터를 저장하고
Athena나 Glue로 데이터 레이크 솔루션을 실현하는 방식을
제안했다.

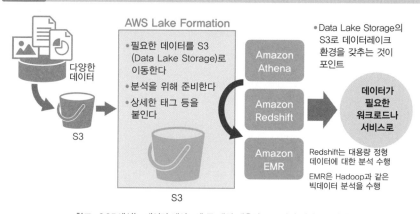

그림 8-12 AWS Lake Formation의 개요

AWS Lake Formation

다양한
데이터

S3

• 필요한 데이터를 S3
(Data Lake Storage)로
이동한다
• 분석을 위해 준비한다
• 상세한 태그 등을
붙인다

S3

Amazon
Athena

Amazon
Redshift

Amazon
EMR

• Data Lake Storage의
S3로 데이터레이크
환경을 갖추는 것이
포인트

데이터가
필요한
워크로드나
서비스로

Redshift는 대용량 정형
데이터에 대한 분석 수행

EMR은 Hadoop과 같은
빅데이터 분석을 수행

참고: GCP에서는 데이터 레이크에 두 개의 대용량 스토리지 서비스 사용을 권장한다.

Google Cloud Storage
(주로 비정형 데이터)

BigQuery Storage
(주로 정형 데이터)

Point

✔ 데이터 레이크는 다양한 데이터를 있는 그대로 저장하고 필요에 따라 활용
할 수 있게 한다.

✔ AWS의 데이터 레이크 솔루션은 발전하고 있다.

코드를 작성해 보자

먼저 페이지의 아래쪽 절반을 가려 주세요. 조금 어렵지만, 8-2 절에서 설명한 람다의 가상 체험입니다. 파이썬의 코드가 어떤 모습이 될지 생각해 봅시다.

하고 싶은 일(S3의 내용)

하고 싶은 일	S3 버킷에 업로드된 텍스트 파일을 읽어 들여 내용을 표시한다.
버킷 이름	1stmyawsbucket
폴더 이름	folder1
파일	message.txt
힌트	boto3 라이브러리를 이용한다. def 함수를 이용한다. 실질적으로 20라인 정도다.

※참고로 4-5와 4-6 절을 참조하세요

정답 예시 (학습 자료로 zip 파일 패키지를 다운로드할 수 있습니다. 버킷 이름만 수정하면 Lambda에서 그대로 사용할 수 있습니다)

정답 예시는 다음과 같습니다. 물론 파일의 내용을 표시할 수 있다면 그것도 정답입니다. 덧붙여 학습 자료로 제공하는 파일을 이용해서 람다 함수를 작성하는 경우에는 버킷 이름 등을 자신의 AWS 환경에 맞게 변경해 주세요.

◀ 코드 예시

▼ 실행 결과

Chapter 9

보안과 운용 관리

사용자, 비용, 보안, 운용 등의 관리

보안의 기본적 사고 방식

AWS와 사용자가 보안을 공유하고 분담하는 모델

클라우드를 이용할 때 보안은 중요한 고려 사항입니다. AWS는 보안의 기본 개념으로 **공동 책임 모델**을 제시하고 있습니다.

공동 책임 모델은 클라우드의 데이터센터, 네트워크, IT 장비 등의 인프라는 서비스 제공자인 AWS가 관리 책임을 지고, 서비스 상에서 구동되는 플랫폼이나 애플리케이션 등은 고객(사용자)이 책임진다는 사고방식입니다(그림 9-1).

이러한 공동 책임 모델을 바탕으로, 각종 공격 등을 방지하기 위해 데이터센터의 위치나 사양 등은 전혀 공개되지 않습니다.

사용자 측 보안의 핵심 항목

그림 9-1 상단을 보면, 사용자 측 보안은 지금까지도 자주 등장했던 다음과 같은 항목이 중심이 되어 있습니다(그림 9-2).

- ◆ **ID 및 액세스 관리** : IAM을 통한 사용자나 역할의 정의, 설정 및 액세스 관리
- ◆ **방화벽 구성** : 보안 그룹 및 각 서비스에 의한 방화벽 정의
- ◆ 데이터 암호화: 각 서비스에 따름

특히 액세스 관리는 더욱 엄격해졌습니다. 현재는 액세스 로그 관리뿐만이 아니라, 멀티 팩터 인증 등도 강력 추천되고 있습니다. AWS KMS라는 암호화 작업에 사용되는 키를 생성하고 관리하는 서비스도 있습니다.

그림 9-1 공동 책임 모델의 개요

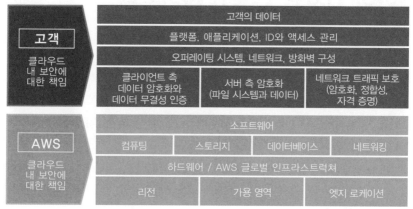

출처: AWS 웹사이트 '공동 책임 모델'
(URL : https://aws.amazon.com/jp/compliance/shared-responsibility-model/)

그림 9-2 사용자 측 보안의 중심

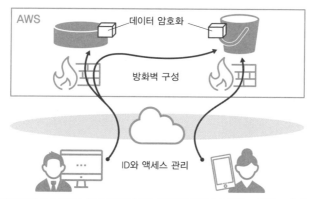

• 사용자 측의 보안은 ID와 액세스 관리, 방화벽 구성, 데이터 암호화가 중심이고, 액세스 관리는 한층 강화되고 있다.
• 멀티 팩터 인증(9-3 절 참조) 등도 강력하게 추천된다.

Point

✔ AWS에서는 보안에 대한 기본 사고방식으로 공동 책임 모델이 있다.

✔ 사용자 측의 보안은 ID와 액세스 관리, 방화벽 구성 등이 중심이 된다.

보안의 시작은 사용자 관리부터

사용자 관리를 구성하는 요소 //

1-8 절에서는 루트 사용자와 IAM 사용자를, 4-7 절에서는 IAM 사용자의 권한에 대해 설명했습니다. AWS는 사용자 관리에서 권한을 세분화하여 보안을 강화합니다. 다시 한번 정리하면 아래와 같습니다.

- ◆ **IAM 사용자**: 조직에서 하나의 AWS 계정을 생성한 후에는 로그로부터 작업을 추적하기 위해 한 사람이 하나의 IAM 사용자를 사용하고 공유하지 않는다. IAM 사용자는 사용자 이름과 비밀번호로 로그인한다.
- ◆ **IAM 정책**: AWS의 각 서비스에 대한 작업 권한을 IAM 정책으로 정의하고 IAM 그룹에 연결한다(그림 9-3 위).
- ◆ **IAM 그룹**: IAM 사용자 수가 늘어나면, IAM 그룹을 생성하고 그 안에 IAM 사용자를 소속시키면 정책을 일률적으로 적용할 수 있다.
- ◆ **IAM 역할**: EC2에 RDS에 대한 액세스 권한을 연결하는 등 EC2와 같은 AWS 서비스에 작업 권한을 부여한다(그림 9-3 아래).

위에서 설명한 IAM 용어를 각각 혼동하지 않도록 주의합시다.

IAM은 미리 설계해 둘 것 //

IAM에 대해 살펴보면, 무작정 부여하는 게 아니라 **사전에 각각 설계한 후 권한을 부여해야 한다**는 것을 알 수 있을 것입니다. 기본적으로는 기업이나 조직의 IT 정책이나 보안 정책 등을 준수하는 형태로 설계합니다(그림 9-4).

그림 9-3 IAM 사용자, 정책, 그룹, 역할의 차이

IAM 사용자

IAM0　IAM0　･････　IAM2

하나의 AWS 계정을 20명의
회원이 이용할 경우, 20개의 IAM
사용자를 만든다

IAM 정책

S3　RDS

'S3의 파일 읽기', 'RDS 액세스' 등
AWS의 각 서비스에 대한 작업을
허용한다

IAM 그룹

예를 들어, IAM01~IAM10까지의 10명은
S3의 파일을 읽을 수 있다

• AWS의 모범 사례에서는 IAM 사용자 단위로
IAM 정책을 연결하는 것을 권장하지
않으므로, IAM 그룹에 연결하는 것이 좋다.

IAM 역할

EC2

예를 들어, EC2에
RDS에 액세스 할
수 있는 IAM
정책을 연결한다

그림 9-4 IAM은 사전에 설계해서 설정할 것

간부사원　담당자

관리자

• 간부사원은 쓰기, 담당자는 읽기
까지 가능하도록 관리자가 S3에
미리 설계한다.
• 서비스나 워크로드별로 설계한다.

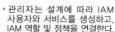

AWS

IAM01　･････　IAM20

관리자

• 관리자는 설계에 따라 IAM
사용자와 서비스를 생성하고,
IAM 역할 및 정책을 연결한다.

AWS

관리자　IAM01　･････　IAM20

• 관리자가 생성 및 설정한 대로
IAM 사용자는 이용한다.

Point

✔ AWS 사용자 관리는 IAM 사용자, IAM 정책 및 IAM 그룹을 조합해서 수행한다.
✔ IAM은 사전에 설계한 후 권한을 부여해 나간다.

클라우드 로그인의 기본

스마트폰 등을 이용한 인증

AWS를 비롯한 클라우드 서비스에서는 계정, 사용자 이름 및 비밀번호를 탈취한 악의적인 제삼자에 의한 **부정 로그인(AWS의 경우 콘솔 로그인)에 대비**하여 **멀티 팩터 인증**(Multi-Factor Authentication, 일명 **MFA**)을 권장하고 있습니다.

MFA가 도입된 기업에서는 사원이 본인 확인을 할 때 ID와 패스워드에 더해 IC 카드나 생체 인증, 스마트폰 등 업무용 PC 이외의 단말을 이용해 사용자를 인증합니다 (그림 9-5).

예를 들어, 클라우드 서비스 사업자가 추천하는 앱을 스마트폰에 설치하고, 로그인 시 앱이 인증 시스템과 연동되어 등록된 디바이스를 가진 사람만 알 수 있는 정보를 인증 화면에 입력하게 함으로써 등록된 디바이스를 가지고 있지 않은 부정한 사용자의 로그인을 방지합니다.

AWS에서의 MFA 이용 예

AWS에서 MFA를 사용하는 경우 관리 콘솔의 오른쪽 상단 메뉴에서 보안 자격 증명을 선택하고 멀티 팩터 인증을 위한 MFA 디바이스 할당으로 이동합니다. **스마트폰을 이용하려면 앱도 함께 다운로드합니다.** 앱을 열고 MFA 기기 설정 화면에 표시되는 QR코드를 스캔한 후 표시되는 정보를 입력합니다. 자격 증명으로 디바이스에 할당이 확인되면 완료됩니다.

이후에 로그인할 때는 사용자 이름과 비밀번호 이외에 추가적으로 스마트폰에 표시되는 정보도 입력해야 합니다(그림 9-6).

그림9-5 멀티 팩터 인증의 개요

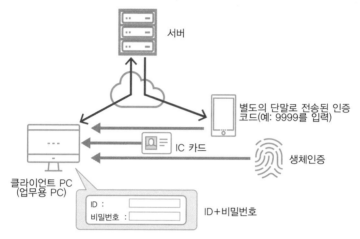

업무용 PC에서 ID+비밀번호를 입력하고, 다양한 요소로 추가 인증을 한다.

그림9-6 AWS에서 MFA 인증을 사용하는 예

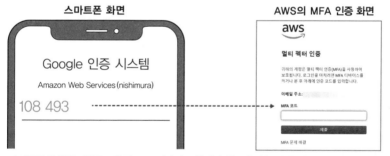

- 스마트폰에 앱을 다운로드하여 MFA 디바이스 할당이 완료된 경우 입력 예
- 그림 1-15의 로그인에 MFA 인증 화면이 추가로 표시된다
- 스마트폰에 표시된 MFA 코드를 입력한다(스마트폰 앱이 Google Authenticator일 때 화면)

Point
- ✔ AWS를 비롯한 클라우드 운영자는 부정 로그인에 대비하여 MFA 사용을 권장한다.
- ✔ MFA를 스마트폰으로 이용하려면 앱을 다운로드해야 한다.

가상 방화벽 기능

EC2 및 RDS 인스턴스 보안의 기본

EC2 인스턴스 생성에서는 3-12 절, RDS 인스턴스 생성에서는 7-4 절에서 **보안 그룹** 설정에 대한 이야기가 나왔습니다.

보안 그룹은 **EC2 인스턴스나 RDS 인스턴스 등에서 사용하는 가상 방화벽의 기능**입니다. 방화벽은 일반적으로 내부 네트워크와 외부의 경계에서 통신 상태를 관리해서 보안을 지키는 구조를 말합니다.

AWS에서는 방화벽이라고 부르지 않고, 외부에서 내부로 들어오는 특정 **인바운드 통신**이나 수신, 내부에서 외부로 발신하는 **아웃바운드 통신**에 대한 허용 및 규칙을 보안 그룹으로 정의합니다. 액세스 관리를 정의하는 보안 그룹은 IAM과 함께 AWS 보안의 기본이라고 할 수 있습니다.

3-12 절의 EC2 인스턴스의 경우, 사용자의 단말이 SSH 인바운드 통신으로 허용되어 있었습니다. 또한 7-4 절의 RDS 인스턴스의 경우에는 특정 IP 주소를 가진 EC2 인스턴스가 지정된 포트에서만 연결할 수 있도록 했습니다. 두 사례 모두 각 인스턴스에 대해 특정 IP 주소만 액세스 방법이나 서비스에서 **포트**를 제한해 연결을 허용하고 있습니다(그림 9-7).

서브넷 단위의 보안

보안 그룹은 EC2 또는 RDS 인스턴스에 연결되어 작동하지만, **서브넷 단위**에서는 **네트워크 ACL**이 있습니다. 이 둘을 조합하면 견고한 방화벽 기능을 구현할 수 있습니다(그림 9-8).

그림 9-7 보안 그룹의 개요

【SSH와 HTTP에 의한 연결의 예】

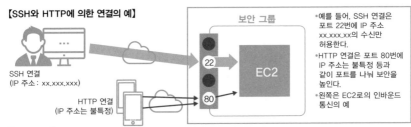

SSH 연결
(IP 주소 : xx.xxx.xxx)

HTTP 연결
(IP 주소는 불특정)

보안 그룹

22

80

EC2

- 예를 들어, SSH 연결은 포트 22번에 IP 주소 xx.xxx.xx의 수신만 허용한다.
- HTTP 연결은 포트 80번에 IP 주소는 불특정 등과 같이 포트를 나눠 보안을 높인다.
- 왼쪽은 EC2로의 인바운드 통신의 예

【주요 포트】

포트 번호	액세스 방법 / 서비스	개 요	포트 번호	액세스 방법 / 서비스	개 요
22	SSH	SSH로 통신	1521	Oracle Database	Oracle Database와 통신
80	HTTP	HTTP 프로토콜로 통신	1433	SQL Server	SQL Server와 통신
443	HTTPS	HTTPS 프로토콜로 통신	25	SMTP	메일 송신
3306	MySQL	MySQL과 통신	110	POP3	메일 수신
5432	PostgreSQL	PostgreSQL과 통신	143	IMAP	메일 수신

그림 9-8 보안 그룹과 네트워크 ACL

- 네트워크 ACL은 서브넷에 대한 보안 그룹과 같다.
- 인바운드와 아웃바운드를 모두 정의해야 한다. 그림은 인바운드의 예.
- 네트워크 ACL에서 서브넷 단위로 권한을 부여해 보안 그룹으로 세밀하게 제어할 수 있다.
- 이 예에서 네트워크 ACL은 HTTP와 HTTPS를 통과하는데, EC2①에서는 양쪽 다, EC2②에서는 HTTPS만 통과한다.

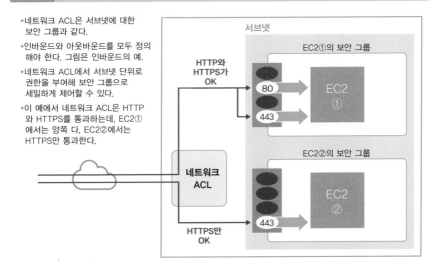

서브넷

EC2①의 보안 그룹

HTTP와 HTTPS가 OK

80

443

EC2 ①

네트워크 ACL

EC2②의 보안 그룹

HTTPS만 OK

443

EC2 ②

Point

✔ 보안 그룹은 주요 서비스인 EC2 인스턴스나 RDS 인스턴스의 방화벽 기능으로, AWS 보안의 기본이라고도 할 수 있다.

✔ 서브넷 단위 방화벽 기능으로서 네트워크 ACL이 있다.

활동 추적

활동 전반을 관리한다 //

클라우드 서비스에서 관리자 관점에서 세울 수 있는 보안 대책 혹은 사후 조치로는 사용자의 활동을 기록하고 이벤트를 추적 관리하는 것입니다. 이를 위해 AWS가 제공하는 서비스로는 **AWS CloudTrail**이 있습니다. CloudTrail은 AWS 계정 전체의 규정 준수, 운영 및 활동 전반을 모니터링을 할 수 있는 서비스입니다. 기업의 시스템 감사 등에서도 이용됩니다.

누가, 언제, 어떤 이벤트를 실행했는지 각종 실행 로그를 바탕으로 추적할 수 있게 해 줍니다. 사용자가 각종 서비스를 이용한 이력뿐만 아니라 관리 콘솔과 소프트웨어 개발 키트, 명령줄 도구 등 모든 AWS API 호출 이벤트가 기록됩니다. 예를 들면, 사용자가 어떻게 이용하고 있는지, 권한이 주어지지 않은 자원에 액세스 하고 있지 않은지, 문제가 발생했을 때 어떤 사용자의 활동이 원인이 되었는지 등을 확인할 수 있습니다(그림 9-9).

액세스 관리는 기본적으로 IAM으로 실현되고 있지만, 기업이나 조직의 규정을 준수하는지 보안 정책을 따르는지 확인하는 데도 사용할 수 있습니다. 기업이나 단체에서 다수의 사용자가 AWS를 사용할 때 보안 관리자는 반드시라고 해도 좋을 만큼 CloudTrail을 활용하고 있습니다.

S3 버킷과의 연계 //

실제로 사용할 때는 다른 서비스와 마찬가지로 AWS CloudTrail 콘솔에서 추적 생성부터 시작합니다. 그러면 생성 후의 기록을 저장할 S3 버킷도 자동으로 만들어집니다. 추적 자체는 생성 시점에서 지난 90일간의 이벤트 기록을 볼 수 있습니다. 예를 들어, 그림 9-10과 같이 사용자 이름 등으로 검색할 수도 있습니다.

그림9-9   기업이나 조직에서의 CloudTrail 이용

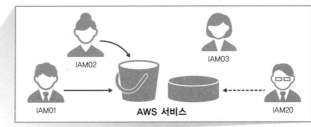

관리자

•보기 쉬운 작업 로그로
 사용자의 활동을 확인할 수 있다.

•관리자는 CloudTrail로 IAM 사용자의 각 서비스에 대한 작업 로그를 확인할 수 있다.

•예를 들면, 'IAM03은 과거 ○○일간, 활동 기록이 없으므로 삭제 대상 후보로 한다'
 'IAM20은 액세스 시 에러가 많아 부정 액세스를 의심한다' 등의 방식으로 사용할 수 있다.

그림9-10   CloudTrail 이용 화면

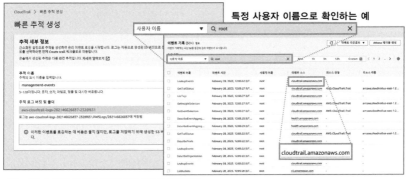

•CloudTrail 추적 생성 화면에서 추적 이름을 지정하여
 생성한다.

•로그를 저장하는 S3 버킷에는 요금이 부과된다.

•무료 이용 중 확인하고 싶을 땐 추적 생성 및 확인 후
 즉시 S3 버킷을 포함해 삭제하는 것이 좋다.

•사용자 이름 root로 검색한 예

•root 사용자가 cloudtrail에서
 활동했음을 확인할 수 있다.

Point   ✔ AWS CloudTrail은 누가, 언제, 어떤 서비스를 이용했는지, 어떤 이벤트를 실
 행했는지 등의 정보를 제공한다.

      ✔ 기업이나 조직의 보안 관리자에게 CloudTrail은 필수적인 서비스다.

성능 관리와 운영

리소스 모니터링

앞 절에서 관리자가 주로 이용하는 서비스로 CloudTrail이 있다고 설명했습니다. 관리자가 이용하는 또 다른 중요한 서비스로는 **Amazon CloudWatch**가 있습니다. CloudWatch는 AWS의 리소스나 AWS에서 실행되는 애플리케이션 등을 모니터링 하는 서비스입니다.

예를 들어, EC2나 RDS의 CPU나 메모리의 사용량, S3나 Lambda의 이용 상황 등을 볼 수 있습니다. 일반적인 시스템의 관리 업무에서는 **성능 관리나 운영 감시에 해당합니다.** 모니터링한 내용을 보기 쉽게 그래픽으로 표시해 줄 뿐만 아니라, 최댓값, 최솟값, 평균, 1분, 1시간, 1일부터 15개월 등 세부적인 요구에 따라 표시 기간을 선택할 수도 있습니다(그림 9-11).

관리자는 CloudWatch를 일상적인 리소스 모니터링으로 활용하면서, 리소스 사용률이 임계값을 넘으면 알려주는 CloudWatch Alarm, 시스템 로그를 수집하고 분석할 수 있는 CloudWatch Logs 등과 결합해서 AWS의 서비스를 운영하고 있습니다.

개인 이용과 단체 이용 시 차이점

지금까지 AWS를 대표하는 서비스인 IAM, EC2, S3, VPC, RDS, Lambda 등에 대해 설명해 왔습니다. 개인도 물론 이러한 서비스를 이용할 수 있지만, 기업이나 조직에서 이용할 때는 이 외에도 IAM 설정이나 1-10 절에서 설명한 Cost Explorer 의 비용 관리, **CloudTrail이나 CloudWatch를 이용한 보안과 운영에 대해서도 의식해서 사용해야 합니다**(그림 9-12).

처음에는 어렵게 느껴질 수도 있겠지만, 실제로 AWS 화면을 보고 조작하면서 클라우드 서비스의 편리함과 재미, 혹은 그 대단함을 직접 체험해 보시기 바랍니다.

그림9-11 Amazon CloudWatch 이용 예

CloudWatch의 개요

CloudWatch EC2의 예

• 이 책에서 설명했던 서비스가 나열되어 있다

• EC2를 3시간으로 기간을 설정하고 확인한 예
• 시험 이용 중이라 움직임이 적다

그림9-12 개인 이용과 단체 이용의 차이

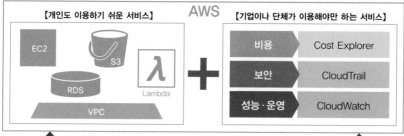

【개인도 이용하기 쉬운 서비스】　AWS　【기업이나 단체가 이용해야만 하는 서비스】

EC2　S3　λ Lambda

RDS

VPC

비용　Cost Explorer

보안　CloudTrail

성능·운영　CloudWatch

• AWS에는 이밖에도 다양한 서비스가 있다.
• IAM은 개인도 기업도 가장 먼저 주의해야 할 서비스이다.

• 이 책에서 설명한 대표적인 서비스인 EC2, S3, VPC, RDS, Lambda 등은 개인 사용자도 이용하기 쉽다.
• 물론, 개인이 기업 사용자처럼 비용, 보안, 성능 및 운용 등을 고려하는 것은 좋은 일이다!

• 기업 및 단체에서 이용할 때 비용, 보안, 운영에 관한 서비스는 필수다.
• Well-Architected 프레임워크 등도 가능한 활용하기 바란다.
• 8장에서 설명한 것과 같은 선진 기술 서비스도 검토한다.

개인 사용자 또는 평가판 사용자

기업 사용자 또는 관리자

Point

✔ Amazon CloudWatch는 시스템 관리 업무의 성능 관리 및 운영 모니터링에 해당한다.

✔ AWS는 개인도 이용할 수 있는 서비스이며, 단체에서 사용할 때는 보안과 운영 문제를 반드시 고려해야 한다.

Well-Architected 프레임워크를 활용한 리뷰

2-7 절에서 설명했듯이 AWS에서는 Well-Architected Framework라는 이름으로 기업이나 단체가 AWS를 이용하는 데 있어 기본적이고 중요한 체크 포인트를 공개하고 있습니다. 사용법은 백서나 리뷰시트로서 PDF나 엑셀 파일로 질문에 답을 하는 형태로 제공됩니다. 여기서는 대분류 중 보안의 일부를 사용해 리뷰해 보겠습니다.

AWS를 이용하고 있는 사람은 현재 상황에 맞게 점검하고, 아직 이용하지 않는 사람은 만약 내가 이용한다면 어떻게 할 것인가를 가정하고 점검해 보세요.

Well-Architected 리뷰 시트 '보안'에서 요약

소분류	질문	답변
자격 증명 및 액세스 관리	워크로드 인증을 어떻게 관리하고 있는가?	☐ 루트 사용자에게 MFA를 설정했다
	AWS에 인위적인 액세스를 어떻게 제어하고 있는가?	☐ 최소한의 권한을 부여했다.
인프라 보호	네트워크는 어떻게 보호하는가?	☐ 네트워크 액세스는 필요 최소한으로 허용했다.

실제 시트에는 약 50개의 질문이 있고, 질문 내용이나 개수는 수시로 업데이트됩니다.

Well-Architected 프레임워크를 이용한다

AWS를 본격적으로 사용하실 분들은 Well-Architected 프레임워크와 리뷰 시트를 수시로 활용하여 워크로드 구축 및 개선에 노력해 주세요.

용어집

➡ 뒤의 숫자는 관련된 본문의 절

Amazon CloudWatch (➡ 1-6 · ➡ 9-6)

AWS에서 이용하는 IT 리소스의 성능 관리 및 운영을 모니터링하는 서비스.

Amazon DynamoDB (➡ 7-8)

NoSQL, KVS 데이터베이스의 대표 격. RDB에 적합하지 않거나 관계성이 보이지 않는 모호한 상태의 데이터 관리 등에 적합하다.

Amazon EC2(➡ 3-1)

Amazon Elastic Compute Cloud의 약자. AWS 컴퓨팅인 가상 서버 서비스.

Amazon RDS(➡ 7-2)

Amazon Relational Database Service의 약자. 관계형 데이터베이스(RDB)의 관리형 서비스.

Amazon S3(➡ 4-1)

Amazon Simple Storage Service의 약자. 다양한 용도로 이용할 수 있는 소규모에서 대규모에 달하는 확장성으로, 고가용성·저비용을 실현하는 객체 스토리지 서비스.

Amazon SageMaker (➡ 8-3)

AWS의 AI에 관련된 주요 서비스. 머신러닝 프로세스 전체를 제공하는 완전 관리형 서비스.

Amazon VPC(➡ 6-1)

Amazon Virtual Private Cloud의 약자. AWS 상에서 프라이빗 클라우드를 실현하는 기반 서비스로 AWS에서는 가상 네트워크에 해당한다.

AMI (➡ 3-6)

Amazon Machine Image의 약자. Amazon EC2에서 서버를 처음 생성하거나 추가할 때 설치된 상태로 제공되는 서버의 모형.

Apache (➡ 3-16)

Linux 환경에서 가장 많이 이용되는 웹 서버 기능.

AWS (➡ 1-1)

Amazon Web Services의 약자로 Amazon.com이 제공하는 클라우드 서비스.

AWS Amplify (➡ 8-5)

AWS의 최신 웹 및 모바일 앱 개발 서비스 제공 플랫폼.

AWS CLI (➡ 4-9)

AWS Command Line Interface의 약자. 커맨드 라인에서 AWS의 서비스를 제어할 수 있다.

AWS CloudTrail(➡ 9-5)

AWS 계정 전체의 규정 준수, 운영 및 운영 모니터링을 수행할 수 있는 서비스.

AWS Lake Formation (➡ 8-6)

AWS 데이터 레이크 서비스.

AWS Lambda (➡ 8-1)

프로그램 단위로 구현 및 실행할 수 있는 서비스. 사용자 입장에선 전용 가상 애플리케이션 서버가 제공되는 이미지. 구체적으로는 어떤 이벤트가 발생했을 때 코드를 실행하는 구조로, 대표적인 서버리스 서비스의 하나이다.

AWS SDK(➡ 8-1)

AWS 소프트웨어 개발 키트.

AWS Well-Architected 프레임워크(➡ 2-7)

AWS 사업자로서의 경험을 바탕으로 한 기본적이고 중요한 체크 포인트 등을 정리한 문서.

AWS 파트너 네트워크 (➡ 1-13)

아마존의 파트너 기업으로 AWS를 판매하는 관계.

AWS 관리 콘솔 (➡ 1-2, ➡ 3-5)

AWS Management Console. AWS를 조작하는 사용자를 위한 화면의 명칭.

Azure (➡ 1-12)

Microsoft 클라우드 서비스.

CIDR (➡ 6-5)

서브넷을 관리하는 숫자 표기법.

Cloud Foundry (➡ 5-6)

PaaS에 대한 오픈 소스 기반 소프트웨어.

DAS (➡ 5-9)

Direct Attached Storage의 약자로 서버와 직접 연결되는 스토리지.

DB 엔드포인트 (➡ 7-4)

DB 인스턴스에 연결하는 데 필수적인 주소. EC2 등 RDS를 이용하는 서비스에서는 특정 데이터베이스 포트를 통해 대상 주소에 연결하여 관계형 데이터베이스 명령문을 실행할 수 있다.

DHCP (➡ 6-5)

Dynamic Host Configuration Protocol의 약자. IP 주소를 할당하는 기능.

Docker(➡ 5-7)

컨테이너를 생성하는 소프트웨어.

DX(➡ 8-4)

Digital Transformation(디지털 트랜스포메이션)의 약자로, 기업이나 단체가 디지털 기술을 활용해 경영이나 사업에서 변혁을 실현하려는 움직임. 디지털 기술을 한 마디로 나타내는 'Digital'과 변혁을 의미하는 'Transformation'을 조합한 조어.

EBS 볼륨 (➡ 3-7)

시스템 요건에 따라 EC2에 대해 EBS 구성을 1:1, 1:n으로 할 수 있다.

EC2 콘솔 (➡ 3-10)

EC2 전용 관리 콘솔.

Elastic IP 주소 (➡ 3-16)

AWS의 고정 IP 주소. 웹 서버뿐만 아니라 외부 시스템과의 연동 등에 이용된다.

Elasticsearch (➡ 7-7)

전문 검색 및 분석을 담당하는 오픈 소스 소프트웨어.

Firebase (➡ 8-5)

Google이 제공하는 고급 웹 및 모바일 앱 개발 서비스 제공 플랫폼.

Windows용 FSx (➡ 4-10)

윈도 서버에서 제공하는 완전 관리형 파일 서버 서비스.

GCP (➡ 1-12)

Google Cloud Platform의 약자. 구글 클라우드 서비스.

IaaS (➡ 5-1)

Infrastructure as a Service의 약자. 클라우드 사업자가 서버나 네트워크 기기, OS를 제공하는 서비스다. 미들웨어나 개발 환경, 애플리케이션은 사용자가 설치한다.

IAM Management Console (➡ 4-7)

IAM 전용 콘솔에서 사용자 추가 등에 이용한다.

IAM 사용자 (➡ 1-8, ➡ 9-2)

사용자 이름과 비밀번호로 로그인하여 AWS의 다양한 서비스를 이용할 수 있는 사용자.

IAM 역할 (➡ 3-15, ➡ 9-2)

AWS 서비스에 작업 권한을 부여하는 방법.

IGW (➡ 6-7)

Internet Gateway의 약자. 공용 IP 주소와 내부 개인 IP 주소를 연결하고 변환하는 기능.

ISP (➡ 3-18)

Internet Service Provider의 약자. 인터넷과 관련된 서비스를 제공하는 사업자.

Jupyter Notebook (➡ 8-3)

파이썬 등 유명한 언어를 브라우저에서 사용할 수 있는 도구. 데이터 분석이나 AI 개발에서 이용되는 경우가 많다.

Kubernetes (➡ 5-8)

컨테이너 오케스트레이션을 수행하는 대표적인 OSS

KVS (➡ 7-6)

Key-Value Store의 약자. 하나의 키에 하나 또는 여러 개의 값을 갖게 하는 단순한 구조의 데이터베이스.

Lambda 함수 (➡ 8-2)

AWS Lambda에서 이벤트에 따라 실행하는 프로그램을 말한다.

Linux (➡ 3-4)

오픈소스 OS의 대표 격.

NAS (➡ 5-9)

Network Attached Storage의 약자. LAN의 네트워크에 접속할 수 있고, 같은 네트워크의 여러 서버에서 공용할 수 있다.

NAT (➡ 6-7)

Network Address Translation의 약자. 네트워크 주소 변환 기능.

NAT 게이트웨이 (➡ 6-7)

프라이빗 서브넷에서 인터넷 접속을 실시하는 게이트웨이.

NoSQL (➡ 7-6)

Not only SQL의 약자. RDB 이외의 데이터베이스로, 하나의 키에 하나 또는 여러 개의 값을 갖도록 하는 단순한 구조의 KVS나 키에 문서 데이터를 갖게 하는 문서 지향 등이 있다.

OpenStack (➡ 5-5)

클라우드 서비스의 기반이 되는 오픈 소스로 IaaS용 소프트웨어.

PaaS (➡ 5-1)

Platform as a Service의 약자. IaaS에 추가로 미들웨어 및 애플리케이션 개발 환경이 제공된다.

RDB (➡ 7-6)

Relational Database의 약자. 관계형 데이터베이스라고도 한다. 데이터를 테이블이나 표로 관리하고, 관계를 정의함으로써 다양한 처리를 가능하게 한다.

SaaS (➡ 5-1)

Software as a Service의 약자. 사용자가 애플리케이션과 그 기능을 이용하는 서비스. 유저는 애플리케이션의 이용이나 설정에 머무른다.

SAN (➡ 5-9)

Storage Area Network의 약자로, 여러 서버에서 SAN 디스크를 함께 사용한다.

SDN (➡ 5-12)

Software-Defined Networking의 약자로, 소프트웨어로 네트워크 가상화를 실현하는 기술.

Session Manager (➡ 3-15)

에이전트를 인스턴스에 설치하여 콘솔에서 직접 인스턴스에 연결하는 방법.

SLA (➡ 2-12)

Service Level Agreement의 약자로, 서비스 레벨을 규정한 계약서라는 좁은 의미와 서비스 레벨을 체계적으로 나타내는 활동이라는 넓은 의미로 사용된다.

SQL (➡ 7-6)

Structured Query Language의 약자로 RDB를 조작하는 언어.

SSD (➡ 3-7)

Solid State Drive의 약자. 플래시 메모리에 기록하므로 전송 속도가 빨라 입출력이 많은 처리에 적합하다.

SSH (➡ 3-12)

Secure SHell의 약자. 자잘한 순서는 클라우드 사업자나 ISP에 따라 다르지만, 보안 접속의 주류가 되어 있다. 외부에서 서버에 접속하는 방법 중 하나. SSH의 소프트를 이용하여, 접속하는 단말이나 IP 주소를 특정하고 키 파일을 변환해 보안 접속을 한다.

SSM Agent (➡ 3-15)

Session Manager를 이용할 때 인스턴스에 설치하는 소프트웨어.

TGW (➡ 6-8)

AWS Transit Gateway의 약자. 복수의 VPC와 온프레미스 네트워크를 허브처럼 연결할 수 있는 기능.

VGW (➡ 6-8)

Virtual Private Gateway의 약자. 전용선이나 VPN 접속 등의 폐쇄 환경에서의 통신 게이트웨이.

VLAN (➡ 5-11)

Virtual LAN(가상 LAN)의 약자. 물리적 접속과는 별도로 가상 LAN 네트워크를 만드는 기술.

VPC (➡ 5-3)

Virtual Private Cloud의 약자. 프라이빗 클라우드를 퍼블릭 클라우드에서 실현하는 서비스. AWS에서는 Amazon VPC를 가상 네트워크 서비스로 하고 있다.

VPC 엔드포인트 (➡ 6-11)

VPC를 지원하지 않는 서비스에 VPC를 연결할 때 이용되는 기능. VPC의 출구로서 엔드포인트를 설정하고 VPC를 지원하지 않는 서비스와 연결한다.

VPC 피어링 연결 (➡ 6-8)

VPC끼리의 일대일 접속.

VPN (➡ 1-11)

Virtual Private Network의 약자. 인터넷상에 가상으로 만들어진 전용 네트워크로, 클라우드를 이용할 때 사용하는 네트워크 접속의 일종이다. 데이터 송신자인 사용자와 수신자인 클라우드 사업자 사이에 가상 터널을 만들어 안전하게 통신한다.

Windows Server (➡ 3-4)

마이크로소프트가 제공하는 서버 OS.

가용 영역 (➡ 2-3)

IT 리소스가 논리적으로 다른 세트로서 복수 영역에 배치된 구성.

가상 네트워크 (➡ 6-1)

물리적인 네트워크 환경과 같은 기능을 소프트웨어를 중심으로 실현하는 네트워크.

기본 VPC (➡ 6-6)

사용자의 리전별로 존재하는 하나의 VPC이다.

권한 (➡ 3-17)

서버의 특정 디렉토리나 파일 등에 쓰기, 읽기, 실행 권한을 설정한다.

객체 (➡ 4-8)

S3에 저장된 파일. 스토리지의 특성 때문에 객체라고 불린다.

객체 스토리지 (➡ 5-10)

데이터를 파일이나 블록 단위가 아닌 객체라는 단위로 취급하는 스토리지. 스토리지 풀에 오브젝트가 생성되며 고유의 ID와 메타 데이터로 관리한다.

공동 책임 모델 (➡ 9-1)

AWS를 활용하는 보안의 기본 사고방식. 클라우드 데이터센터, 네트워크, IT 장비와 같은 인프라는 서비스 제공자인 AWS가 관리 책임을 지고, 서비스 상에서 동작하는 플랫폼 양식이나 애플리케이션 등은 고객(사용자)이 책임을 진다.

교차 리전 복제 (➡ 4-2)

Amazon S3를 지역 간에 복제하는 기능.

네트워크 ACL (➡ 9-4)

서브넷 단위로 보안 규칙을 설정할 수 있는 기능.

논리 구성도 (➡ 2-1)

시스템 구성을 나타내는 도표의 일종이다. 시스템의 설치 위치와 서버, 스토리지, 네트워크 등 IT 리소스의 구성을 나타낸다.

데이터센터 (➡ 1-2)(➡ 2-4)

1990년대부터 보급된 대량의 서버나 네트워크 장비 등을 효율적으로 설치·운영할 수 있는 건물. 현재는 클라우드를 지원하는 시설의 기반이 되고 있다.

데이터베이스 인스턴스 (➡ 7-3)

데이터베이스 전용 인스턴스.

데이터베이스 서버 (➡ 7-1)

데이터베이스 기능에 특화된 서버.

데이터베이스 포트 (➡ 7-4)

RDS가 다른 서비스와 연결할 때 허용하는 포트.

데이터 레이크 (➡ 8-6)

클라우드에 구조화된 데이터와 구조화되지 않은 데이터를 함께 저장하는 사고방식.

마스터 사용자 이름 (➡ 7-4)

DB 인스턴스 생성자나 관리자의 임의의 이름을 말한다. 마스터 비밀번호와 함께 RDS에 접속할 때 필요하다.

멀티 클라우드 (➡ 2-10)

여러 개의 클라우드 서비스를 병행해서 이용하는 것.

멀티 팩터 인증 (➡ 9-3)

Multi-Factor Authentication에서 MFA라고도 불린다. ID와 패스워드에 더해 IC 카드, 생체인증, 업무 PC 이외의 단말 등도 이용한 본인 확인 방법.

문서 지향 (➡ 7-6)

키에 문서 데이터를 갖게 하는 구조.

라우팅 테이블 (➡ 6-10)

VPC가 가진 기능으로, 어떤 경로로 통신할 수 있는지 파악하고 어떤 경로를 사용할지 결정할 수 있다.

루트 사용자 (➡ 1-8)

매우 강력한 모든 권한을 가진 사용자로, 기본적으로 계정을 생성한 이후에는 사용을 권장하지 않는다.

리전 (➡ 2-2)

이용하는 IT 장비가 물리적으로 위치한 장소로 아시아 태평양(서울)처럼 표시된다.

버킷 (➡ 4-5)

Amazon S3에서 파일이나 데이터를 넣는 그릇.

보안 그룹 (➡ 9-4)

EC2 인스턴스 및 RDS 인스턴스 등에서 사용하는 가상 방화벽 기능.

블록 스토리지 (➡ 5-10)

데이터를 일정한 크기(블록)로 나누어 관리한다.

빌트인 알고리즘 (➡ 8-3)

Amazon SageMaker가 제공하는 알고리즘으로, 선형회귀, K-NN, Word2Vec 등 표준 알고리즘 모델을 다수 갖추고 있다.

서버리스 (➡ 8-1)

사용자가 서버를 만들 필요가 없거나 서버를 관리하지 않아도 된다.

서브넷 (➡ 6-4)

일반적인 네트워크 시스템과 Amazon VPC 중에서 더욱 세분화된 네트워크를 의미한다.

서명된 URL (➡ 4-8)

Amazon S3 버킷과 폴더에 붙은 고유 URL이다.

스케일링 (➡ 3-3)

시스템이나 애플리케이션의 동작 상황에 맞게, 가상 서버의 성능이나 대수를 변경해 나가는 것.

스케일아웃 (➡ 3-3)

인스턴스 수량을 늘리는 것.

스케일업 (➡ 3-3)

인스턴스의 CPU 코어 수나 메모리 용량 등 사양을 높이는 것.

스케일인 (➡ 3-3)

인스턴스 수량을 줄이는 것.

스케일다운 (➡ 3-3)

인스턴스의 CPU 코어 수나 메모리 용량 등의 사양을 낮추는 것.

스토리지 클래스 (➡ 4-2)

Amazon S3 액세스 및 성능에 따른 스토리지 유형.

아웃바운드 통신(➡ 9-4)

EC2나 RDS 등에서 내부로부터 외부로의 나가는 통신의 허용이나 규칙.

오케스트레이션(➡ 5-8)

다른 서버 간에 존재하는 컨테이너의 관계성이나 동작을 관리하는 것.

온 디맨드 (➡ 1-9)

AWS의 단위 시간당 요구에 따른 이용.

온프레미스(➡ 2-1)

자체적으로 IT 리소스를 보유하고, 스스로 관리하는 부지 내에 설치해 운용하는 형태.

인스턴스 (➡ 2-6)

AWS의 하나하나 가상 서버. 실제로 사용할 수 있는 가상 서버를 의미한다.

인스턴스 유형 (➡ 3-2)

Amazon EC2에서의 다양한 가상 서버의 종류를 말한다.

인스턴스 패밀리 (➡ 3-2)

인스턴스 유형의 상위 개념. 유스 케이스에 따라 범용, 컴퓨팅 최적화, 메모리 최적화, 스토리지 최적화, 가속화된 컴퓨팅으로 정리되어 있다.

인바운드 통신 (➡ 9-4)

EC2나 RDS 등에서의 외부로부터 내부로 오는 통신의 허용이나 규칙.

임대 서버 (➡ 3-18)

인터넷 서비스 제공자가 이용자에게 웹 서버 등을 빌려주는 서비스.

애플리케이션 서버 (➡ 7-1)

애플리케이션 기능에 특화된 서버.

웹 서버 (➡ 3-8)

우리가 일상적으로 보는 웹사이트나 웹서비스를 제공하는 서버.

종량제 과금 (➡ 1-9)

IT 자원과 서비스를 이용한 시간과 양에 따라 비용이 발생한다.

재해 복구 (➡ 2-11)

지진이나 해일 등의 큰 재해가 있어도 시스템을 신속하게 이용 또는 복구할 수 있도록, 혹은 피해 자체가 없게 하기 위한 예방 등의 대처.

컨테이너형 (➡ 5-7)

가상화 중에서도 경량화를 실현하는 기반 기술. 하나의 호스트 OS 상에 복수의 독립된 공간을 생성하여 거기서 애플리케이션을 구축한다.

컨트롤러 (➡ 5-4)

클라우드 사업자의 데이터센터에 있는 서버로, 서비스를 통합 관리 · 운용하고 있다.

콘솔 (➡ 3-5)

시스템 관리자가 조작하는 단말.

키 페어(➡ 3-12)

SSH 접속으로 키 파일의 근원이 되는 파일.

클라우드 컴퓨팅 (➡ 1-1)

정보 시스템 및 서버나 네트워크 등의 IT 리소스를 인터넷 경유해서 이용하는 형태.

파일 공유 서비스 (➡ 4-3)

사용자가 클라우드에서 파일을 공유할 수 있는 서비스.

파일 스토리지 (➡ 5-10)

데이터를 파일 단위로 관리한다. NAS 등에서 활용된다.

퍼블릭 액세스 (➡ 4-8)

인터넷상에 공개된 것.

퍼블릭 클라우드 (➡ 2-8)

클라우드 서비스의 상징적인 존재인 Amazon의 AWS, 마이크로소프트의 Azure, 구글의 GCP 등과 같이 불특정 다수의 기업이나 단체, 개인에게 제공하는 서비스.

퍼블릭 서브넷 (➡ 6-4)

인터넷으로 연결되어 있고 외부로부터의 액세스를 받아들이는 퍼블릭 네트워크.

포트 (➡ 9-4)

TCP/IP 통신의 헤더에 포함된 포트 번호. 접속 방식에 따라 포트가 달라진다.

패브릭 네트워크 (➡ 5-13)

전용 스위치를 추가해 여러 개의 스위치를 하나로 묶어 하나의 큰 스위치로 다룰 수 있다. 이더넷 패브릭이라고도 한다.

프라이빗 클라우드 (➡ 2-8)

자사를 위해 클라우드 서비스를 제공하거나 데이터 센터 등에 자사를 위한 클라우드 시스템을 구축하는 것을 말한다.

프라이빗 서브넷 (➡ 6-4)

기업 내부처럼 사적인 네트워크를 말한다.

하이퍼바이저형 (➡ 5-7)

가상화 기술의 하나로 물리 서버상에 설치된 가상화 소프트웨어 위에 Linux나 Windows 등의 게스트 OS를 올려 동작시킨다. 게스트 OS와 애플리케이션으로 구성된 가상 서버가 호스트 OS의 영향을 받지 않고 동작하므로 여러 가상 서버를 효율적으로 가동할 수 있다.

하이브리드 (➡ 2-9)

요구 사항에 맞게 클라우드 또는 비클라우드 시스템을 조합하는 것.

호스트 OS 유형 (➡ 5-7)

가상화 기술 중 하나로, 가상 서버에서 물리 서버에 접속할 때 호스트 OS를 경유하기 때문에 속도 저하가 발생하기 쉽지만, 장애 발생 시 하이퍼바이저형보다 원인 파악이 쉽다.

찾아보기

M~R

숫자

S~W

ㄱ ~ ㄴ

그림으로 배우는 AWS 구조

1판 1쇄 발행 2023년 5월 15일
1판 2쇄 발행 2024년 11월 25일

저 자 니시무라 야스히로
역 자 김성훈
발 행 인 김길수
발 행 처 (주)영진닷컴
주 소 서울시 금천구 디지털9로 32 갑을그레이트밸리 B동
1001호 (우)08507
등 록 2007. 4. 27. 제16-4189호

© 2023. (주)영진닷컴

ISBN 978-89-314-6854-0
http://www.youngjin.com

'그림으로 배우는' 시리즈

"그림으로 배우는" 시리즈는 다양한 그림과 자세한 설명으로
쉽게 배울 수 있는 IT 입문서 시리즈 입니다.

그림으로 배우는
C++ 프로그래밍
2nd Edition

Mana Takahashi 저
592쪽 | 18,000원

그림으로 배우는
프로그래밍 구조

마스이 토시카츠 저
240쪽 | 16,000원

그림으로 배우는
서버 구조

니시무라 야스히로 저
240쪽 | 16,000원

그림으로 배우는
C#

다카하시 마나 저
496쪽 | 18,000원

그림으로 배우는
데이터베이스

사카가미 코오다이 저
236쪽 | 16,000원

그림으로 배우는
웹 구조

니시무라 야스히로 저
240쪽 | 16,000원

그림으로 배우는
클라우드 2nd Edition

하야시 마사유키 저
192쪽 | 16,000원

그림으로 배우는
네트워크 원리

Gene 저
224쪽 | 16,000원

그림으로 배우는
보안 구조

마스이 토시카츠 저
208쪽 | 16,000원

그림으로 배우는
SQL 입문

사카시타 유리 저
352쪽 | 18,000원

그림으로 배우는
파이썬

다카하시 마나 저
480쪽 | 18,000원

그림으로 배우는
C 프로그래밍
2nd Edition

다카하시 마나 저
504쪽 | 18,000원